I0837830

Gilets jaunes
L'imposture

L'Inconnu Soldat

Gilets jaunes
L'imposture

Les éditions des Sans-voix

Autres titres des éditions des Sans-voix :
Apple, empoisonnée la pomme ?, *Malum*
Propos d'Onfray - Occident et Islam(isme), *Inconnu Soldat*
Macron ou l'insoutenable légèreté du paraître, *Imhotep*
#chassealhomme, *Néandertal*
Les éditions des Sans-voix donnent la parole à ceux qui ne l'ont pas et privilégie le contenu à la personnalisation quand on sait que l'attaque ad hominem est un moyen de dénigrer la thèse défendue et lorsque les menaces sont réelles.

Autres titres des éditions Ecrivains & Ecrits :
la traversée des états humides, *Olivier Schatzky*
Dans la gueule du rêve, *Olivier Schatzky*
antérieurement publié en 2005 sous le tire Cap Croisette
par les éditions du Rocher.

ISBN : 978-1-79-348440-6
© Éditions des Sans-Voix, février 2019
Le code de la propriété intellectuelle interdit les copies ou reproductions destinées à une utilisation collective. Toute représentation ou reproduction intégrale ou partielle faite par quelque procédé que ce soit, sans le consentement de l'auteur ou de ses ayants cause, est illicite et constitue une contrefaçon sanctionnée par les articles L. 335-2 et suivants du Code de la propriété intellectuelle.

Gilets Jaunes : l'imposture
Le Monde et autres media sans éthique,
carburant d'une boursouflure anti-démocratique

Avant-propos

S'attaquer à la presse, aux media en général est un exercice périlleux. Il l'est car la presse et les media en général ont, bien que déclinant devant l'envahissement des réseaux sociaux et leur dictature de l'immédiateté, de l'irréflexion, de la désinformation, de l'égotisme, un pouvoir important avec d'abord celui de vous maintenir dans le vide du silence. Il y a également la presse engagée comme l'ont dit, celle qui n'a aucun intérêt à ce que l'on pourrait dire soit su. Il est périlleux en qu'un argument, juste mais pas forcément justifié en toute circonstance, que s'attaquer à la presse, c'est s'attaquer à la liberté, c'est faire le jeu des extrêmes quand bien même, elle-même en fait le jeu, que c'est la porte ouverte à sinon la dictature dure, à la privation de liberté. Cet écueil, celui d'attaquer la presse par principe, pour répondre aux slogans des tous pourris, au choix vendue ou achetée, sous la domination des lobbies, des puissants, du fric et du capitalisme, - ceux qui ont ces arguments se complaisent à prendre leur source dans Russia Today ou autres organes de propagande du FSB et de Poutine - ou, comme pour Trump, des ennemis de la vérité et de la force juste et justifiée, de l'America is back etc., du nationalisme de bon aloi, cet écueil de la facilité de s'attaquer pour se complaire au courant ambiant du rejet de la presse et de se faire des amis aussi faciles qu'avec Facebook, ce livre l'évitera, du moins y tentera. Ce livre fait la distinction entre l'ensemble des journalistes et cette partie visible. Ce livre fait la distinction entre un cas particulier, un cas d'école, et l'ensemble de l'information bien que selon Ingrid Riocreux et ses études des media, c'est bien l'ensemble, notamment des chaînes d'information en continu, dont il est question, de leur manque absolu d'éthique journalistique, de la déformation de l'information.

L'auteur peut être joint à ce courriel : inconnu.soldat@free.fr

La première édition de ce livre fut terminée entre mi et fin décembre 2018. Cette nouvelle édition tient compte de toutes les nouvelles informations apparues depuis, notamment nombre d'éléments qui ont conforté de façon définitive l'analyse de ce mouvement portée par ce livre. Ces éléments nouveaux prouvent, si besoin en était, que la réflexion et la simple constatation des faits permettent une vue réelle de ce qui s'est joué et se joue, et non la vue outrageusement biaisée qu'ont développée les media le long des plus de trois mois du mouvement des gilets jaunes jusqu'à la publication de cette mise à jour importante. Il se peut qu'ici ou là quelques éléments plus anciens viennent buter sur les plus récents comme par exemple la durée de six semaines au lieu de trois mois. Ces petits accrochages temporels ne changent en rien le fondement de ce livre, et montrent la progression du mouvement vers un délitement de sa structure qui n'a jamais été homogène tout en ayant dans son essence même, consubstantielle à lui, la violence, la négation de la démocratie et souvent le complotiste avec la présentation d'un monde déformé.

Élections européennes de 2019
La représentativité réelle des gilets jaunes est donnée par le score des deux listes officielles Alliance jaune (Lalanne) et Évolution citoyenne (Chalençon) avec respectivement 0,26 % et 0 % des inscrits.

Genèse d'une mini révolte

Cette histoire des gilets jaunes serait fascinante si elle n'était terrifiante. Elle est terrifiante car elle met en cause des mécaniques de pensée, des voies de diffusion de l'information, qui ne nous font pas regarder l'avenir avec sérénité. Cette gonflette aux stéroïdes médiatiques et des réseaux sociaux a pu avoir une importance démesurée en regard de sa réalité parce que depuis les Wikileaks, depuis l'avènement de Twitter et du village mondial, chaque internaute devint un lanceur d'alerte baignant dans une indignation sélective et éruptive avec pour toile de fond un ennemi désigné. Le ressort est celui qui a permis les révolutions de 1905 et 1917, c'est-à-dire un fond profond de misère (ici inexistant quant à une supposée étendue et une hypothétique profondeur) et la désignation d'un ennemi. L'un étant source de colère, l'autre la cible de cette colère. Cependant les différences abyssales entre les révoltes paysannes médiévales, la révolution russe, sont gommées par les slogans, les affirmations mensongères, l'instillation dans l'esprit d'une partie de la population que leur vie est comparable à un paysan dont l'espérance de vie ne dépassait pas 24 ans, qui ne mangeait pas à sa fin chaque jour, que chaque récolte misérable entraînait une famine, que deux enfants sur trois mourraient en bas âge, il n'avait ni retraite, ni jours fériés, ni sécurité sociale, et se contentait journellement d'un brouet et d'un bout de pain. Les Insoumis et autres ont diffusé dans l'esprit d'un partie de la population un état d'esprit contraire à la réalité des faits, à partir de slogans qui font mouche comme, en particulier, le terme de violence sociale (on y reviendra). Ce parti et ses satellites, la presse complaisante ou tout simplement idéologue comme *le Média*, ont eu du mal à digérer la défaite de 2017 et la victoire de Macron. Tous ensemble ont joué un jeu de déstabilisation démocratique en remettant en cause la légitimité de l'élection de Macron et ensuite du parlement. C'est-à-dire un candidat, Mélenchon, qui n'a fait que 19,58 % des voix, qui est arrivé quatrième de cette élection se permet, sans que la presse ne le remette à sa place, de dire que Macron ne représente rien alors que lui, de ce fait représente encore moins, que les législatives ont balayé son parti, que les élections européennes qui arrivent semblent prédire une diminution drastique de son importance électorale. Lui et ses affidés ont remis et remettent en cause la légitimité d'élus qui l'ont été sans triche et selon un système électoral - quels que soient ses défauts - qui par définition légitime les élus.

La légitimité de Macron est double. Il est légitime parce qu'il a gagné les présidentielles avec un score de 66,10 % ce qui fait de lui le président de tous les Français pendant 5 ans. Il est leur représentant à l'étranger. Il est président parce que la Constitution votée par référendum, avec la voix des Français l'a voulu ainsi. Sa légitimité vient aussi du fait qu'il est arrivé premier de tous les candidats avec 24,01 % des voix. Ce second point est d'une importance primordiale. Du fait du système électoral français, l'élection présidentielle se fait à deux tours. Au premier tour il est quasi impossible d'avoir la majorité (même de Gaulle a été mis en ballotage). Ceci implique de facto qu'aucun candidat ne peut être majoritaire et donc qu'ils sont tous minoritaires, de ce fait incontournable le plus légitime est celui qui arrive en tête de tous les minoritaires. Rappelons le encore ce mode électoral est bien celui par la volonté du peuple qui a voté pour cette constitution de 1958 par référendum instituant l'élection du Président de la République au suffrage universel à deux tours (Titre II). Mettre en cause la légitimité du Président de la République quel qu'il soit c'est remettre en cause le système électoral et donc remettre en cause le choix du peuple français. Rappelons pour les journalistes qui légitiment les gilets jaunes, les Mélenchon, Dupont-Aignan et autres Le Pen, que le Référendum du 28 septembre 1958 a donné pour résultat un oui à 82,6 % (80,3 % de participation) avec 31 123 483 voix sur 47 249 142 inscrits ce qui donne un oui à 65,87 % des inscrits. Ce chiffre prouve sans aucune contestation possible que cette constitution a été voulue par une écrasante majorité des votants et une forte majorité de tous les Français en âge de voter. Ceci veut dire que contester Macron parce qu'il est non majoritaire au premier tour de l'élection présidentielle, c'est contester le mode électoral et c'est donc contester un des points essentiels de la constitution adoptée par le peuple français. Par définition et par voie de raisonnement c'est foncièrement anti-démocratique. Les journalistes qui laissent dire les Corbières et autres Insoumis, les Le Pen & Cie contestant la légitimité des élus (Présidents et députés) laissent prospérer un message anti-démocratique. Leur devoir est de rappeler que les élections françaises telles qu'elles sont, ont été voulues par la majorité des Français consultés pour son adoption. L'argument que la participation devrait légitimer ou non une élection est inepte tout simplement parce que les

Français qui n'ont pas voté ont fait ce choix et de ce fait doivent l'assumer en acceptant la personne qui est élue et qu'ils auraient pu aider à faire battre. La légitimation se fait sur les votants et non sur le corps électoral car l'abstention impose ses conséquences et ceux qui n'ont pas voté ne peuvent en aucun cas se référer à celle-ci pour contester l'élue, hors, bien sûr, cas de force majeure qui a empêché de voter (ce qui ne représente quasi rien). Leur abstention est de leur responsabilité et par elle ils ont participé à l'élection de l'élue.

Un petit aparté car il est bon de savoir où se situe politiquement celui qui écrit car le discours ci-dessus pour laisser croire que c'est Macron qui est défendu, alors que ce n'est que le Président qui l'est dans sa légitimité. Je n'ai voté pour aucun candidat au premier tour et ai voté pour Macron au second comme quelques 20 743 128 électeurs. Je ne suis donc ni un macroniste engagé, ni un macrolâtre bêlant. Ceci ne vous apprend donc pas grand chose. Je vais cependant en ajouter un peu. Je n'aime pas Macron. Je ne vais pas écrire je n'aime pas Macron, mais … Ce fameux *mais*, introduction de toutes les théories du complot genre : « j'étais dans ma voiture et alors que j'étais convaincu des attentats du 11 septembre mais j'ai entendu à la radio un ingénieur etc. » Autrement dit, faire une affirmation vous plaçant dans un camp pour pouvoir ensuite donner du poids à votre argumentation combien ce camp était le diable en personne. Je n'aime pas Macron point. Et ce n'est pas le débat. Ici ce dont il est question c'est de la légitimité d'un président, élu au suffrage universel à deux tours, élection voulue par référendum par un écrasante majorité des Français, et un président élu sans tricherie. Il est donc le président de tous les Français pour une durée de 5 ans au bout desquelles il sera jugé et sera battu ou réélu s'il se représente, c'est la sanction démocratique. Ne peuvent interrompre ce mandat qu'une forfaiture, une faute gravissime, peut-être une guerre. Les sondages n'ont strictement rien de démocratique et les colères passagères de gilets jaunes n'ont aucun droit sur le fait qu'il est et reste le président. Par ailleurs nous étions confrontés à nombre de candidats de la gauche dure ou extrême : Hamon, Mélenchon, Poutou, et de la droite dure ou extrême avec Dupont-Aignan et Le Pen. les écologistes n'avaient aucun candidat crédible, l'éternel complotiste Asselineau. Que restait-il ? Fillon poursuivi par des affaires, sa voracité comme l'a prouvé l'histoire bidonnante et honteuse des costumes, les supposés emplois fictifs de sa femme et de ses enfants comme attachés parlementaires, les chèques du Sénat encaissés illégalement et reconnus par lui, l'emploi fictif reconnu par le propriétaire de *la revue des deux mondes*, reconnu ce qui lui a valu une condamnation ? Et le PS qui a été incapable d'élire un candidat autre qu'un dur opportuniste, un gars qui a joué au Monopoly des circonscriptions passant d'un groupe à l'autre pour rester en haut de la vague et qui les a trahis les uns après les autres et dont le score a prouvé à la fois ce que les Français pensaient de lui et de ce qu'il restait du PS. Lors des Primaires (imitation médiocre des USA et intellectuellement non convaincante car c'est le rôle du parti et de ses militants de désigner son candidat et non une assemblée extérieure) les deux partis ex-majoritaires (UMP et PS) les deux plus durs ont gagné, car ce sont toujours ceux les plus radicaux qui gagnent dans leur camp. Valls et Juppé comme candidat, Bayrou n'aurait pas soutenu Macron, l'élection aurait été autre. Les gros partis ont choisi une voie inadéquate et ont présenté des candidats battus ensuite. Donc à défaut, au second tour entre la fraudeuse fiscale, mise en examen pour de multiples affaires de détournement de fonds publics, financement illégal de la campagne présidentielle et de celle des législatives, détournement des attachés parlementaires européens, elle et tous ses satellites, son parti, son micro parti Jeanne, ses fournisseurs et amis, le trésorier de l'ex-FN (il aurait fallu voter pour cette multirécidiviste, avocate médiocre qui a perdu ses procès, à la mauvaise foi abyssale, à la haine infinie, qui confond arguments et mensonges, vérité et déformation, aux idées démagogiques, aux solutions ineptes) et Macron, il n'y avait pas le choix et pas l'ombre d'un doute. Et si le résultat était acquis, j'aurais pu m'abstenir comme entre Chirac et Le Pen car c'était une mascarade de faire un appel à la concorde nationale quand au lieu de faire justement un gouvernement de concorde nationale, Chirac s'est précipité pour faire l'UMP et phagocyter le centre et briser un espoir d'une France réconciliée, et alors que le score d'une Corée du Nord était attendu pour lui (sans cette mascarade de la peur de la victoire de Le Pen j'aurais peut-être voté pour lui), cette fois-ci il s'agissait que la Marion Anne Le Pen, « marketinguement » appelée Marine, perde le plus possible devant Macron.

Cette légitimité est aussi remise en cause par des gilets jaunes qui n'ont strictement aucune légitimité (on y reviendra aussi). Ceci les a amenés à considérer que le Référendum d'Initiative Citoyenne était le parangon de la démocratie. C'est comme par un raisonnement propre au sophisme et au biais intellectuel, les Insoumis (sauf qu'ils sont parfaitement soumis à un dogme, une doctrine, une vue falsifiée de la réalité) qui réclament qu'il y ait une élection à mi-mandat. Ceci n'a aucun sens puisque par définition l'élection a, pour une de ses composantes, la durée de ce mandat et que la sanction de l'élu est sa réélection ou non au bout de cette durée. Il y a un mélange évident et fort malhonnête pour faire croire qu'en fait la durée du mandat serait infinie puisqu'ils nous disent que l'on ne donne pas un mandat sans qu'il y ait une sanction. Faire une élection à mi-mandat revient exactement à faire une élection avec une durée plus courte. De ce fait on pourrait alors dire pourquoi ne pas faire une élection à mi-mi-mandat. Tout cela est absurde, biaisée et frappe les esprits. Le propre d'un slogan est de ne pas refléter la réalité mais justement de frapper l'esprit, de paraître juste et d'emporter dans son élan toute réflexion. Or la réflexion disparaît dans l'urgence et dans la colère. Avec le RIC, c'est un de deux piliers de la légende que la France serait anti-démocratique alors que la France est un régime parlementaire à forte composante présidentielle, mais c'est ce que l'on appelle une démocratie représentative et en aucun cas une dictature. Du RIC on en reparlera.

Un des engrais du terreau de cette révolte sauvage est donc les attaques en légitimité du pouvoir, les déclarations et actions politiques de toute l'opposition de gauche et de droite qui attaquent le pouvoir avec le plus souvent mauvaise foi. Ces coups de boutoir ont ouvert une brèche dans laquelle s'est coulé ce mouvement des gilets jaunes.

Ce n'est pas la seule cause. Bien évidemment. Le pouvoir n'est pas exempt de reproches fondés. Lorsque Mitterrand est arrivé au pouvoir il est allé déposer un rose au Panthéon. Ce geste était déplacé car il se positionnait en président, non de l'ensemble des Français, mais du « peuple » de gauche et plus particulièrement du « peuple » socialiste. C'était déplacé certes comme président, mais ce fut un symbole très fort. Dans les contes et légendes on dit souvent que la parole vaut un acte, autrement dit avec un mot savant qu'elle est performative. Un symbole est toujours très fort. On peut mourir pour lui. Jan Palach qui s'est immolé par le feu à Prague le 16 janvier 1969 ou l'étudiant chinois devant un char à Tian'anmen. Macron après avoir été élu a suscité, bien évidemment, un espoir. Le « en même temps », le « droite et gauche c'est fini », le « ancien monde va disparaître » etc. ne pouvaient que donner des espoirs. L'augmentation de la CSG pour une partie des retraités, la transformation de l'ISF on été, si l'on peut dire, les deux mamelles d'une Macronie pour les riches. Les partis d'opposition, tout à se refaire une virginité après avoir pris une énorme déculottée aux législatives, se sont jetés dessus, comme justement la misère sur le pauvre monde dont certains se font les hérauts. C'est là où la presse intervient. En même temps (si vous m'autorisez cette facilité), il y a des modifications en profondeur avec augmentation des allocations vieillesses, handicapées, suppression progressive de la taxe d'habitation pour 80 % des assujettis, modification des charges sociales avec suppression d'une partie pour les bas salaires etc. Ailleurs c'est le dédoublement des classes pour ceux qui sont en difficulté. La presse n'a eu de cesse d'appuyer sur certaines mesures, sans développer les autres. C'est bramer pour les 5 € des allocations logement. Il s'agissait d'une mesure nécessaire car il y avait un déséquilibre à régler. Comme la mauvaise foi est la qualité la mieux partagée des hommes politiques, on a entendu une myriade d'entre eux nous expliquer que c'était une catastrophe : 5 €. Mais lorsqu'il y a dans l'autre sens une augmentation de 100 € et plus ce ne sont que des miettes. Si 100 € ne sont que des miettes alors 5 € c'est un grain de poussière. On ne peut pas tenir un tel discours contradictoire si on a un tant soit peu le respect de la vérité, et le respect de sa propre honnêteté intellectuelle. Dans le maelström des attaques contre le pouvoir, s'est ajoutée, plus qu'une maladresse, une faute du Président lui-même. Bayrou prend souvent sa défense en disant qu'il parle cash. On peut peut-être dire cela ainsi. Il y a aussi, comme souvent, que les phrases sont sorties du contexte. Un exemple simple, lorsque Macron dit à une homme sans emploi qu'il n'a qu'à traverser la rue pour en trouver c'est qu'avant il était justement de l'autre côté et que les cafetiers lui disaient qu'ils n'arrivaient pas à embaucher car ils ne trouvaient personne. Pour ma part je pense que Macron est une sorte de Sarkozy, moins vulgaire, moins brutal, plus fin et plus cultivé. Je ne parle pas de son positionnement politique, mais de son caractère. Je pense aussi que s'il a une haute conscience de son rôle, qu'il aime la France, qu'il veut réussir pour l'ensemble des Français et non pour les hyper riches comme il apparaît, même si je pense qu'il pourrait, ou aurait pu faire du bien pour la France (on ne sait pas si les dégâts considérables des gilets jaunes tant financiers, que de fracture de la population, que de l'image de la France seront surmontés avant longtemps) je pense qu'il manque absolument d'empathie. Il s'intéresse aux Français mais avec son cerveau et non son cœur. C'est tel que je le perçois. Il a raison quand il dit qu'il y a de l'emploi de l'autre côté de la rue, sa formulation est détestable pour le chômeur qui lui parle, il a raison sans doute quand il dit que nous avons du mal à nous réformer, mais l'étranger n'est pas le lieu et la formulation est mauvaise, il a raison de constater que l'illettrisme est un problème et que les personnes illettrées le subissent, en souffrent, mais c'est la manière de le dire. Il y a un aspect qui échappe sans aucun doute à tous nos commentateurs et aux détracteurs politiques, virulents, c'est qu'il y avait d'autres candidats et que Macron est celui qui était sans doute le moins mauvais de tous. On est obligé de faire avec ceux qui sont là. Dire que Macron est légitime ne veut pas dire qu'on l'aime à la folie, qu'on apprécie tout ce qu'il fait. Il faut relativiser ce qui est. Relativiser est une des clés des sciences. Un des éléments fondamentaux de la réflexion sur cette tartuferie des gilets jaunes (attention je ne dis absolument pas que la souffrance, le mal être, les difficultés de vie sont une tartufferie, je dis que ce mouvement en est une, ce qui est profondément différent) est qu'il faut toujours regarder les faits sous deux angles si possible : la valeur dans l'absolu, la valeur dans le relatif. Je ne parle pas là de la tarte à la crème du relativisme culturel qui permet de tout accepter, je parle de ce qu'un regard scientifique se doit d'être. Prenons un exemple : 20 ° Celsius. On peut dire que c'est une température agréable, mais aussi qu'au Pôle Nord c'est excessivement chaud et en plein midi dans le désert de Gobi que c'est plutôt froid. On va retrouver cette notion d'absolu et de relatif plus tard dans ce texte.

La presse et parmi elle *Le Monde* en fer de lance, et les télévisions en continu ont été des ferments efficaces à cette révolte. On peut dire par exemple que la mascarade des Nuits debout, un échec patent a été une sorte de mise en bouche. *Le Monde*, enamouré de ce mouvement l'a présenté, dans une sorte de lyrisme romantique et nostalgique, comme une sorte de mini révolution bon enfant bouillonnante d'idées toutes plus merveilleuses les unes que les autres. Ce qui n'était qu'un ramassis de concepts éculés est présenté comme la solution à tous les maux. On sentait déjà la haine des ceux qui ont réussi, la haine du *bourgeois* (si cela a une signification aujourd'hui), ce qui étrangement reparaît dans les colonnes du *Monde*, par une étrange inversion des rôles que la haine viendrait des bourgeois contre les classes laborieuses. Il est assez étonnant de retrouver un vocabulaire dépassé, inepte quant à la situation actuelle de la France, un vocabulaire idéologique, formant des slogans sans âge qui ne se rattachent à aucune réalité ou pour des exceptions. Ce journal a cru déceler une sorte de champignonnière où se développerait la future révolution. Tout ceci n'était qu'une image en fait, un hologramme, une sorte de kermesse d'étudiants attardés qui se rêvaient en révolutionnaires avec une sorte de fraternité frelatée car elle se fait sur le dos de personnes haïes. Il n'y avait aucune tolérance, aucune discussion. Finkielkraut s'en souvient encore. Il venait écouter par lui-même et voulait ainsi éviter le filtre des media. Je vous laisse le soin de lire ce que ces bons démocrates de *Nuit debou*t on écrit ensuite de lui : « D'effroyables insultes furent proférées par l'Alain Finkielkraut à l'adresse du Peuple de Gauche. Pour ces faits, nous demandons pour lui la déchéance d'Académie française. » Une réthorique et une tolérance à la Staline. Il y avait le satan d'un côté, le grand satan capitaliste, les suceurs de sang et de l'autre les purs chevaliers intègres et pourfendeurs des injustices (quand on connait la suite des investigations contre les Insoumis pour détournements de fonds publics, utilisation des attachés parlementaires européens à leur profit, de Corbières et de son contrat d'auto-entrepreneur pour ne pas payer de charges sociales pour la campagne de Mélenchon, que sa compagne n'a pas payé ses charges sociales d'avocate, qu'ils ont bénéficié d'un appartement HLM ou des financements de l'ANAH (certes légaux mais immoraux - ils peuvent venir gueuler contre les multinationales qui ne font qu'exploiter les lois votées par les parlements ce qu'eux-mêmes viennent de faire). C'est ce même romantisme aveugle qu'utilisera le journal, et nombre de media pour qualifier le mouvement des gilets jaunes. Ces nuit-deboutistes ont voulu faire croire que la France était un monde à la Zola ou Dickens, et que parmi eux, Ruffin était un Victor Hugo en herbe sous l'œil humide du *Monde* et autres media bouleversés par la révolution en devenir, spectateurs et thuriféraires d'acteurs de l'Histoire en mouvement. Que ce soit Nuit debout ou les gilets jaunes on peut sans peine deviner une référence transparente aux grands moments de notre histoire, aux révolutions, aux barricades, au peuple qui se révolte contre la tyrannie, et ce peuple est magnifique comme aurait dit Duras, forcément magnifique, tant pis si la réalité nous montre un autre visage de ce qui se passe, tant pis si la comparaison est absurde et insultante, la presse veille sur ses amours.

Comme on le voit il y avait des raisons que ce mouvement naisse : une opposition revancharde qui distille des informations fausses, un président brutal dans certaines de ses attitudes, des symboles comme l'ISF. Un mot sur l'ISF car hommes politiques, bien sûr, mais aussi journalistes n'ont cessé de parler de suppression de l'ISF. C'est vrai quant au nom, c'est absolument faux quant à l'impôt qui a été modifié mais n'a pas disparu. L'idée, qui en soi est une voie possible, est à vocation à permettre des investissements donc de l'emploi, donc plus de richesse aux Français et non dans le seul but de réduire les impôts des plus riches. Est-elle judicieuse ? Est-elle efficace ? Il faut du temps pour le voir. En faire un outil au profit des riches (même s'il est vrai ils en bénéficient) est tronquer violemment la réalité et être ce qu'on appelle ailleurs un délit de sale gueule, c'est donner une intention déformée pour attaquer son adversaire. Si cela se comprend d'un adversaire politique cela ne se conçoit pas d'un journaliste avec de l'éthique qui se doit de démontrer que l'ISF n'a pas disparu, qu'un des objectifs est l'emploi sans occulter que cela diminue les impôts des riches. Il faut toute l'information et non seulement un quart qui plus est biaisé : l'ISF a disparu, et c'est uniquement au bénéfice des plus riches. Ce ferment a été bien épandu dans les champs de l'information par les media. Le corollaire est que ce pouvoir n'en fait que pour les riches. On ne met rien à côté de ces quatre milliards de manque à gagner, rien. Toutes les autres prestations sociales comme le RSA, le minimum vieillesse, les allocations diverses (femmes isolées, de rentrée, APL, bourses, familiales etc), le fait que plus de la moitié des Français ne paye pas l'impôt sur les revenus etc. Dans la balance rien ne vient contrebalancer cette affirmation du Président des riches, d'une France des riches qui se gavent sur le dos des pauvres. Avant ces manifestations, il y en avait eu d'autres, comme ces grèves incessantes de la SNCF (depuis sa création il n'y a pas eu une année sans grève). Il y a un terreau de colère, de sentiment d'injustice très fort, entretenu par les politiques, parfois de la jalousie ou de la haine, cette haine étant justifiée par les Insoumis considérant, utilisant une expression frelatée, que la première violence est sociale.

Parmi les germes qui ont permis l'éclosion de ce mouvement, il y en a trois d'ordre politique. Les deux premiers s'assemblent parce qu'ils se ressemblent. Ils sont absolument fascinants, et extrêmement décourageants pour la démocratie et permettent de comprendre le vote pour le Brexit, c'est que la mauvaise foi, l'indignation spectaculaire les deux assises sur un fond de rejet violent du pouvoir en place renforcent dans leur soutien un fort pourcentage des électeurs des deux extrêmes. Ainsi les ennuis judiciaires innombrables de Marine Le Pen et de ses organisations (le parti, les associations et sociétés satellites) comme fraude fiscale (elle négocie avec le fisc ce qui prouve leur véracité) mis en examen multiples pour détournement de fonds publics, pour les images diffusées sur les réseaux sociaux, emplois fictifs financement illégal tant de l'élection présidentielle que des élections législatives, poursuivis elle et ses satellites tant en Europe qu'en France, tous ces ennuis judiciaires n'ont pour réponse auprès de son électorat qu'un renforcement de son soutien à tel point que dans les sondages pour les européennes le score prévu est supérieur à celui de la présidentielle et nettement à celui des législatives dernières. Il y a eu le même réflexe pour Fillon qui parlait de complot, de cabinet noir (mêmes causes mêmes effets) de cette fameuse phrase utilisée par tous les complotistes de la terre : « comme par hasard … », Fillon alors que l'employeur de sa femme vient de plaider coupable comme ayant fourni un emploi sur-rémunéré à celle-ci, prouvant que ce n'était nullement un acharnement judiciaire, nullement un cabinet noir mais bien les conséquences d'une immoralité absolue et une avidité vorace de Fillon. De son côté Mélenchon qui n'eut de mots assez dur pour Benalla, qui avait clamé qu'il n'était pas au-dessus des lois, alors que de forts soupçons pèsent sur sa campagne des présidentielles et les attachés parlementaires européens, alors que la justice fait son travail en respectant les lois (juge des libertés, encadrement des perquisitions etc.) se filme en martyr, bouscule police et magistrat (vous feriez cela vous seriez déjà devant un juge) se déclare intouchable (il se croit en Inde ?) et déforme la réalité comme habile démagogue et dialecticien en présentant les faits sous un jour déformé. Ainsi s'il y a eu quasi une centaine de policiers, le présente-t-il comme s'ils étaient tous venus pour l'arrêter, lui comme l'ennemi public numéro 1. La réalité est qu'il y a eu 17 perquisitions simultanées, ce qui est totalement justifié puisqu'il s'agit d'enquêter pour deux affaires distinctes dont l'une porte sur les attachés parlementaires et donc il faut bien perquisitionner chacun d'entre eux, du moins de ceux qui sont soupçonnés. C'est donc parfaitement normal. Il y a des soupçons, ce n'est pas la France, ni même Macron, c'est l'Europe qui a déclenché une enquête et avant même que Macron soit élu, cette vérité nue sortie du puits, ne gêne en rien l'invraisemblable mauvaise foi de Mélenchon d'en accuser Macron et le pouvoir en place. Il déforme donc les faits en en présentant une partie véridique mais faussée car pour 17 perquisitions cela ne fait qu'une moyenne inférieure à six personnes. On n'a donc pas mobilisé 100 policiers pour Mélenchon, l'ennemi politique numéro 1 selon ce qu'il croit être, mais pour deux affaires et 17 personnes au moins. Toute personne qui a un minimum d'intégrité intellectuelle ne peut accepter une telle mauvaise foi, mauvaise foi qui s'est poursuivie en disant qu'il était le seul à être ainsi traité. Aurait-il oublié les cris d'orfraie de Sarkozy, en garde à vue ? Aurait-il oublié Cahuzac condamné ? Aurait-il oublié que l'Élysée, le PS, le MoDem - et avant lui pour les mêmes faits alors qu'il crie que la justice est très rapide le concernant - ont été perquisitionnés, tout comme Fillon ?   Cette mauvaise foi abyssale, son comportement odieux ont fait fuir quelques personnes mais ont renforcé son noyau dur. Ces deux faits judiciaires sont effectivement à mettre dans le même sac car ils sont aussi des ferments du mouvement des gilets jaunes. Ils attisent une haine viscérale contre le pouvoir et Macron en particulier et parce que - comme le prouvera la suite - les gilets jaunes ont pour composante majoritaire des électeurs de Mélenchon et de Le Pen.

Le troisième élément qui sera aussi un élément puissant qui permettra l'éclosion des gilets jaunes c'est l'affaire Benalla. Cette affaire hors norme par son côté absolument délirant médiatiquement et politiquement parlant, une petite affaire transformée en affaire d'état par des journalistes qui se sont pris pour Bob Woodward ou Carl Bernstein. Ce péché d'un orgueil incommensurable va entraîner *Le Monde* dans une hallucinante et des plus détestables chroniques journalistiques qui ait jamais eu lieu. *Le Monde* s'est pris pour le *Washington Post* et a voulu comparer cette minable affaire (non sans implication politique bien sûr, non sans responsabilité politique bien sûr) au Watergate. L'affaire Benalla sera traitée dans ce livre dans le dernier chapitre car on peut la considérer comme le couronnement de l'égarement médiatique. L'affaire Benalla a eu un retentissement immense allant jusqu'à deux enquêtes parlementaires (alors qu'elles ont été refusées pour des cas significativement plus graves) et donc des répercussions tout aussi importantes sur le gouvernement. L'affaire Benalla peut être considérée un peu, non comme le déclencheur, l'étincelle qui fait exploser le gaz qui s'échappe, mais la main qui a ouvert la bonbonne. Le gaz étant tous les composants dont on a parlé. Cette affaire Benalla, venant par dessus tout le reste aura fini par détériorer l'image du pouvoir, aura déstabilisé sa stature, fendillé sa structure. Sa crédibilité en a pris un grand coup.

Le fil rouge d'avant les manifestations et de pendant est une expression magique qui aura été d'abord le ferment puis le carburant des gilets jaunes : le pouvoir d'achat. Y est associée une autre expression magique : l'injustice fiscale. Pendant les mois qui ont précédé le mouvement des gilets jaunes une information insidieuse car (nous le verrons) elle ne correspond pas une réalité totale sera instillée avec constance : le pouvoir d'achat stagne depuis dix ans et baisse pour les plus pauvres. Ce terme de pouvoir d'achat est une litote annuelle, mensuelle même des syndicats et des partis de gauche. L'extrême droite elle se réserve les fainéants, les immigrés, les fraudeurs aux prestations sociales, les faux chômeurs, ce qui serait délicieux si ce n'est à vomir venant de personnes qui fraudent le fisc. Nous verrons plus loin avec un exemple concret fourni par *Le Monde* ce qu'il faut penser de tout cela.

Nous avons donc une soupe primordiale, un ensemble gazeux explosif qui s'est constitué par tous ce qui précède, qui grâce à l'affaire Benalla a pu se répandre, il ne manquait plus qu'une étincelle. Il fallait que cette étincelle ait suffisamment d'énergie pour faire exploser tout ce composé gazeux, disparate, cette énergie fut fournie en gonflant le mécontentement général et diversifié par la limitation des routes à 80 km/h. L'énergie fournie, l'étincelle fut l'augmentation du prix de l'essence et surtout du gasoil dont la cause fut habilement transférée par les démagogues sur la TICPE alors que sa majeure partie est venue de l'augmentation du prix du baril et alors que le prix taxes comprises étaient le même qu'en 2012 en euros constants, alors qu'il y a 30 ans avec une heure de SMIC, avec des voitures consommant le double on s'achetait la moitié moins de carburant qu'aujourd'hui (et donc que mathématiquement on faisait un quart de distance avec cette même heure de SMIC), alors qu'il existait une prime énorme de 2 000 € (devenue 4 000) pour s'acheter un véhicule ou neuf ou d'occasion qui consomme moins prime utilisée par 500 000 personnes - ce qui fut une aubaine très précieuse pour eux qui de toutes façons allaient changer de voiture, pour ceux qui ne le pouvaient pas alors qu'ils en avaient besoin, somme qui prouve en soi que ce pouvoir n'est pas le pouvoir des riches, somme dont la presse s'est peu fait l'écho et n'en a jamais parlé pour répondre aux affirmations des gilets jaunes -, alors qu'il existe le chèque énergie, alors qu'ensuite le prix du baril est descendu (et en corollaire le prix du gaz lui aussi descendra en janvier 2019). Une vidéo d'une femme en colère à cause du prix du carburant et le mouvement des gilets jaunes est parti.

La grenouille qui a été faite bœuf
𝕷𝖊 𝕸𝖔𝖓𝖉𝖊 et autres media sans éthique,
carburant d'une boursouflure anti-démocratique

Ce mouvement des gilets jaunes, pour peu qu'il existe des historiens qui ne soient pas engagés politiquement c'est-à-dire qui donnent un sens à l'histoire et déforment les faits pour ce faire, sera la démonstration absolue que les chaînes en continu et pour la presse écrite, *Le Monde* en fer de lance, auront bafoué tous leurs devoirs d'une information juste et impartiale, auront manqué à tous leurs devoirs d'éthique journalistique. Il y a une double raison à tout cela. La première est une sorte de fond de la pensée juste, celle qui doit être, celle qui cache les choses pour éviter de les envenimer, celle donc de choisir l'information non en fonction de son importance réelle, mais de son impact potentiel, celle donc, en vérité de censeurs, de ceux qui donnent des leçons aux politiques considérant qu'ils méprisent le peuple alors qu'eux violent leur libre arbitre. La seconde raison est une sorte de nostalgie infantile et lyrique de la Révolution, du peuple d'Astérix qui résiste aux Romains, qui se dresse contre la tyrannie, renverse la table et, à en sauter de joie, coupe les têtes aux roi, reine et princes et aristocrates. Ils rêvent d'être les participants d'une nuit du 4 août, eux les privilégiés pour certains aux salaires indécents et aux avantages fiscaux qui vont bientôt être rognés. Il serait facile de tomber dans le trumpisme anti-presse, dans cette habitude fâcheuse des Mélenchon et Le Pen à insulter les journalistes. Ce livre ne s'attaque pas à l'institution qu'est la presse, mais bien à un phénomène circonscrit dans le temps pour une partie des journalistes, cette partie des chaînes en continu, cette partie du journal *Le Monde*. Le piège est là. Il sera loisible et facile à la presse de se défendre en disant que ce texte n'est qu'un brûlot qui tombe du côté où il se penche, qui se laisse emporter par la démagogie anti-media. On retrouve la même situation quand Le Pen dit que le soleil brille, et il brille, on ne voudra pas l'accepter parce que c'est Le Pen. Elle dit bien assez d'énormités sans que, quand un fait établi est énoncé par elle, il ne soit pas stupide de le nier. Ingrid Riocreux a démontré que la majorité des media mainstream d'information en continu subissent un biais permanent et désinforment sous prétexte de décider ce qui est possible de dire en modérant ou occultant des informations ou par la présentation des faits. Pour un même nombre de manifestants dire à peine ou au moins donne une information chiffrée modifiée par sa connotation, l'une dévalorisant l'autre valorisant. On va le voir ce manque d'éthique, ce pouvoir de censurer ou de déformer des faits aura joué à plein dans le mouvement des gilets jaunes.

Le Monde et les chaînes en continu vont jouer un rôle déterminant dans ce mouvement tant pour le faire naître que prospérer et pour en déformer la nature. On verra comment ils ont dans un premier temps valorisé ce mouvement tant dans son nombre que dans son essence, puis comment ils l'ont entretenu. Il est risible que les gilets jaunes ne leur ont été d'aucune reconnaissance les malmenant souvent et les insultant alors qu'ils avaient table ouverte quasi 24 heures sur 24 à l'antenne. Cette contradiction est un des éléments constitutifs de ce mouvement. Et ce n'est qu'une contradiction superficielle puisque la majorité des gilets jaunes est fournie par les sympathisants des Insoumis et de l'ex Front National, donc des personnes qui haïssent la presse non alternative (on a vu non seulement l'objectivité de *Le Média* mais également son fonctionnement interne avec démissions en cascade, accusation de manque total de démocratie, jusqu'à des plaintes pour fausse facturation, détournement de fonds etc.).

Donc dans un premier temps, cette presse s'est ébaudie devant une possible mobilisation alors que ce mouvement n'était pas structuré. Ô merveille des merveilles, ils vont se mobiliser ! Pour leur culture je vais leur rappeler qu'il y a déjà quelques années il a existé (bien moins en vogue maintenant) ce que l'on appelle un flashmob. On fait passer au travers les réseaux sociaux un lieu, une date, une heure et un acte. On voit alors des dizaines de personnes, parfois des centaines, parfois des milliers venir à l'heure dite dans le lieu dit, faire leur petite prestation, crier « coucou ! » par exemple, puis de se disperser comme une volée de moineaux. Et cela alors que les réseaux sociaux étaient moins importants qu'il y avait beaucoup, beaucoup moins de smartphones en circulation. Donc organiser un mouvement, même sans organisation centrale n'avait rien d'un exploit. Mais ceci n'est qu'une partie de ce qui a permis l'organisation des manifestations. Les media se focalisant, en quelque sorte en veille de scoop, pour capter dès qu'un youtubeur inconnu dépasse 10 000 vues pour en faire une vedette internationale, ont relayé l'information aussitôt diffusée. Ce n'est donc pas les seules vues de ces futurs capi du mouvement qui ont permis au mouvement de prospérer mais son écho tant dans les media télévisés qu'aussi dans la presse locale. Il y a eu, comme jamais un effet démultiplicateur. Les media ont fabriqué l'importance de ce mouvement. Ce n'est pas une vidéo avec 10 000 vues qui aurait pu déclencher un tel mouvement, c'est l'effet de démultiplication inimaginable par les media, relayant l'information puis donnant la parole aux organisateurs. Les media ont joué un rôle politique et non d'information. Quand une info touche 10 000 personnes puis par son amplification 50 millions on voit bien que le fait générateur est sans commune mesure avec son résultat. Et pourtant ce sera un échec comme on le verra, échec transformé en succès pour donner un autre coup de pouce. Attention je ne dis nullement qu'il s'agit d'un complot organisé et voulu contre Macron de la part de la presse. On peut peut-être découvrir une petite vengeance personnelle d'une partie de la presse qui n'a pas apprécié son attitude au début du quinquennat, voulant choisir les journalistes (en fait non les journalistes par personne mais par centre de qualification) et en restreignant drastiquement l'accès aux informations, une sacrée différence avec l'homme qui parlait aux oreilles de la presse jour et nuit. Si donc un fort ressentiment a joué, de façon marginale ou non, ce n'est pas mon propos. Pour moi c'est plutôt le mimétisme, être du bon côté, de la lâcheté (surtout face aux gilets jaunes), de la paresse (journalistes troncs diffuseurs de dépêches AFP), un sentiment de culpabilité, eux les nantis je parle bien sûr des vedettes télévisées, avec des cachets indécents une franchise fiscale inepte et la gloire en plus.

Le Figaro a fait une étude quasi exhaustive de cette couverture médiatique dans un article du 19 décembre 2018 intitulé : *Comment les «gilets jaunes» se sont progressivement imposés en une de la presse*

Il s'agit de regarder les unes de la PQR (45 titres avec une diffusion de plus de 3 millions d'exemplaires) et nationale (6 titres avec une diffusion totale à plus d'un million d'exemplaires : *Le Figaro, La Croix, Le Monde, Les Échos, L'Humanité, Libération*) et on voit que dès le 25 octobre il y a des unes qui leur sont réservées : *« Au cours des deux semaines précédant le 17 novembre, il s'affiche quasi quotidiennement en une d'au moins un journal régional. » Cet autre élément de l'article est fort éclairant : « Cyril Petit, rédacteur en chef au Journal du dimanche et spécialiste des médias, distingue plusieurs temps médiatiques au fil des semaines. «Au départ, le sujet est appréhendé autour du carburant et du pouvoir d'achat. Puis, à l'approche du 17 novembre, on a vu apparaître beaucoup d'info-service »*, *souligne-t-il. À savoir: les lieux des blocages, leur ampleur, les solutions pour circuler le week-end. »* Vous noterez aisément la partie info-service. Si cela permet d'éviter les points de blocage cela donne aussi pour ceux qui veulent les rejoindre des points de ralliement.

Comme le montre le graphique tiré du même article on ne peut que se dire que la presse a soutenu de façon totalement disproportionnée ce mouvement car il ne s'agit pas d'articles mais de unes.

Évolution de la part des unes «gilets jaunes»

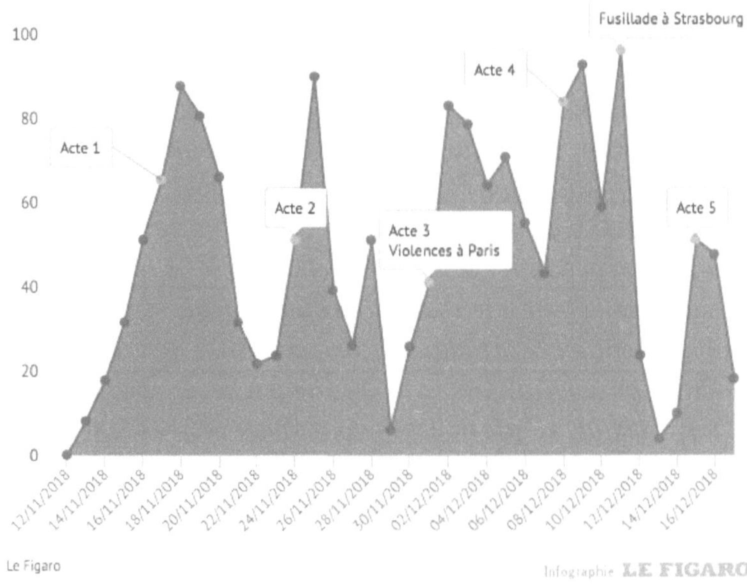

Comme vous le voyez sur le graphique on a l'impression
que le monde a cessé de tourner et que même lors de l'attentat
de Strasbourg le lendemain encore 23,5 % des journaux font la
une quand le jour même c'était 96 %. Il faut également relever
le contenu de ces unes où les termes sont employés. Il y a tout
d'abord ceux de **grogne** et de **colère** (que je vous demande de
bien mémoriser) puis aussi ceux de **vague** et de **marée**. Ces
deux derniers mots ont une connotation quantitative qui ne
correspond à aucune réalité. Voici la conclusion de cet article
factuel puisqu'il comptabilise les unes (laissons de côté les
interprétations des spécialistes interrogés) : *« Un mois après le
début de la mobilisation, on constate en tout cas que les mots
les plus présents ont été le **pouvoir d'achat**, le **virage social**, la
colère (noire), la **fièvre jaune**. Et surtout, que les «gilets
jaunes» auront occupé les journaux au moins autant que les*

ronds-points. » Les caractères gras du texte cité sont du *Figaro*. Comme vous le voyez il y a le pouvoir d'achat et la colère. Il faut noter que ceci n'est que la presse écrite et qu'évidemment les chaînes en continu ont joué leur rôle et ce depuis le début, interrogeant les pseudo-leaders du mouvement à foison.

Ainsi, comme vous le voyez, les gilets jaunes ont eu des relais quotidiennement dans la PQR avant leur première manifestation d'envergure, et également dans la presse nationale, et donc évidemment ce fut un relais énorme à leur profit (au global une diffusion de 4 millions d'exemplaires donc beaucoup plus de lecteurs (on compte parfois 7 lecteurs pour un exemplaire vendu) sans oublier la diffusion Internet) et évidemment aussi ceux qui lisent en parlent autour d'eux. Cet écho est un amplificateur d'une très grande ampleur ce qui est sa fonction. Alors quand on a entendu au début que ce serait difficile d'organiser une manifestation, ou de tenir les ronds points, c'est assez éloigné de la réalité et de la vérité.

Vous avez noté les termes de **vague** ou de **marée**. Ces termes voulaient définir un mouvement extrêmement important. Il faut se référer aux chiffres. Voici ceux du ministère de l'intérieur (un groupement de divers journaux a pris l'initiative de faire faire par un organisme indépendant des comptages des manifestations. Lors de toutes les manifestations où cet organisme a fait les comptages, les chiffres du ministère de l'intérieur se sont avérés proches et ceux des organisations complètement fantaisistes d'où que venaient ces organisateurs la CGT, Fillon, la manif pour tous, Mélenchon etc. Ce collectif, qui regroupe notamment l'*AFP, France Inter, Europe 1, RTL,*

France Info, RMC, BFM-TV, France Culture, CNews, France 2, Mediapart, Le Figaro, Le Parisien, Libération, La Croix, Les Echos et la presse régionale et départementale représentée par l'Union de la presse en région, fait appel au cabinet d'étude Occurrence.) :

17 novembre 282 000
24 novembre 166 000
1er décembre 136 000
8 décembre 136 000
15 décembre 66 000
22 décembre 33 600
29 décembre 33 800
5 janvier 50 000
12 janvier 84 000
19 janvier 84 000
26 janvier 69 000
2 février 58 600
9 février 51 400
16 février 41 000
23 février 47 000

Sans peur du ridicule les journaux ont déclaré que le mouvement avait repris pour la dernière manifestation car le chiffre était au-dessus de l'avant-dernière. Si vous regardez la liste au-dessus vous verrez que c'est le 4^{è} plus mauvais score sur 15 tout en étant un chiffre très bas (1/6 du plus haut et 0,1 % des électeurs).

Les chaînes en continu, *Le Monde*, tous béats devant ces gilets jaunes, ont vendu à la population un grand succès. Rappelons quelques chiffres. Il y a 47 millions d'électeurs en

France, 282 000 cela représente 0,62 %. N'importe quel observateur un tant soit peu honnête considérera tant le chiffre en absolu (282 000) que son relatif au potentiel (0,62 %) comme bas sinon très médiocre. Cela c'est sans tenir compte d'autres chiffres et d'autres éléments. L'information ayant été relayée abondamment pendant toute la période précédant le 17 novembre implique que tout le monde était au courant. Tout le monde. C'était un samedi et donc mis à part les malades, ceux qui travaillent le samedi, ou la nuit (ceux-là pourraient venir quand même si leur motivation est si forte) la disponibilité du réservoir de manifestants est très importante. Mais il faut ajouter ce dont personne ne semble parler ou du moins dont je n'ai pas entendu en parler. Mélenchon, Le Pen et la CGT ont appelé à manifester. On va faire du distinguo : les électeurs de Mélenchon et de Le Pen, et les adhérents des Insoumis, de l'ex FN et de la CGT. Les premiers sont motivés, les seconds engagés. Aux élections présidentielles au premier tour nous avons :

Le Pen 7 678 491

Mélenchon 7 059 951

Donc si vous comptez comme moi il y a environ 14 millions 700 mille électeurs motivés et il n'y aurait donc que, au plus fort de la séquence de manifestations, 1,96 % de cet électorat qui aurait manifesté. Vous avez bien lu 1,96 % de l'électorat de deux forts en gueule qui ont appelé à manifester. Si ceci n'est pas un échec tant pour le mouvement que pour ces deux politiques-là, qu'est-ce qui l'est ? Et quand Mélenchon et ses affidés disent que Macron est illégitime, comment peut-il la ramener quand son appel à manifester ne mobilise même pas 1

% de son électorat ? Et cela devient pire si on ajoute les 4 millions des voix des Dupont-Aignan et autre Hamon qui ont aussi appelé à manifester (on tombe autour de 1,5 %)

Venons en aux adhérents, qui sont donc inférieurs en nombre aux sympathisants, tous motivés et pour la plupart engagés.
La CGT en revendique 690 000
Les Insoumis en revendiquent 540 000
Le FN en revendique 85 000

La première remarque est que les 282 000 manifestants c'est moins que les adhérents des Insoumis (environ 1/2) et moins que ceux de la CGT (plus d'un tiers). Au global, nous avons plus de 1,3 million de personnes engagées et beaucoup plus si on compte les amis et la famille souvent aux côtés des manifestants (les Insoumis aiment bien les enfants sur les épaules des parents). Ce qui nous donne avec 282 000 au plus fort de la série de manifestation seulement 21,44 % de ces militants.

Mais il faut aller plus loin. Ces chiffres dans absolu sont médiocres, d'autant plus médiocres que l'on nous dit que ce mouvement concerne l'immense majorité des Français. Ils sont ridicule par rapport à ce que les journalistes en attendait. CNN s'attendait à au moins un million de manifestants, on arrive à bien moins d'un tiers de cette prévision. Ils sont ridicules en regard du nombre d'électeurs inscrits, minables en regard du nombre d'électeurs des Mélenchon et Le Pen ayant appelé à manifester, et faibles en regard des adhérents des trois mouvements soutenant le mouvement. Il faut comparer à d'autres manifestations. D'autres manifestations et en particulier une qui a engagée l'ensemble de la population. Les 10 et 11 janvier 2015 il y a u au total 4 millions de manifestants. C'était après les attentats de *Charlie Hebdo*. et des suivants. Si la journée du dimanche étaient une journée de chefs d'état suivis par la foule, la vieille, non. Il y a eu 700 000 personnes le 10 janvier et 3 700 000 le dimanche 11. Il n'y a eu aucun délai pour l'organisation de ces manifestations. Même si la comparaison est osée, ce qui ressort c'est que l'on peut mobiliser beaucoup de monde en très peu de temps et donc quand on a table ouverte dans les radios, à la télévision, dans les journaux pendant quasi le mois précédant la première manifestation 282 000 personnes est un échec. Le présenter autrement est un lourd travestissement de la réalité. Mais nous devons aussi le comparer à ce mouvement qu'est *la Manif pour tous*. Je n'ai à avoir aucune sympathie ou antipathie pour ce mouvement, il n'est là qu'en tant qu'exemple comparatif. Ce mouvement est, selon les journalistes, minoritaire, et donc infiniment moins populaire que ne sont les gilets jaunes. De plus leurs revendications sont autrement plus minoritaires que celles des gilets jaunes. En toute logique leur mobilisation devrait être inférieure à celles du mouvement protéiforme qui a bloqué la France. Le 13 janvier 2013 elle réunit 340 000 personnes (un million selon les organisateurs) soit 18 % de plus que les gilets jaunes. La Manif pour tous (dont une pétition ayant récolté 700 000 signatures) est considérée comme non représentative, non légitime. Et on voudrait que 282 000 personnes soient légitimes ?

La presse, *Le Monde* en tête, les media, les télévisions en continu nous ont donc vendu un mouvement comme étant **une vague**, **une marée**, alors que ce n'est qu'une vaguelette surtout au regard du soi-disant soutien de la population, du corps électoral, des soutiens politiques, du gigantesque battage fait pour sa promotion. La réalité brutale des chiffres tant en absolu qu'en relatif est tout autre. Du reste *Le NouvelObs* a fait un éditorial, sorte de mini mea culpa, un mois après le début pour dire que peut-être il y avait eu un effet loupe. Peut-être ? De qui se moque-t-on ? Dans ce mini mea culpa, l'éditorialiste parle de mouvement « bon enfant » ? Bon enfant ? On y reviendra.

Une mobilisation faible, minoritaire, la grenouille a été transformée en bœuf par les media. Ils l'ont transformée d'abord en ne cessant de la valoriser, la légitimant ainsi par l'importance donnée, mais aussi en donnant la parole à tous ces divers porte-parole, il y en a tellement qu'il y avait chaque jour à la radio, à la télévision un porte-parole à robinet ouvert. Un flux continu, un flot continu de la belle parole. Mais cela ne suffisait pas. Les journalistes, les spécialistes n'ont eu de cesse de flatter ce mouvement, de lui donner une aura positive : bon enfant, fraternel, déterminé. Et venues s'ajouter à cette lèche permanente, et un apitoiement de bon aloi, une justification permanente, une manipulation rare. On a fait croire aux Français qu'ils étaient, eux un soutien à 70 % de ces fameux gilets jaunes. Un article des décodeurs du *Monde*, se rendant compte de cette manipulation a voulu corriger le tir en disant, ce n'est pas vrai mais tout de même, il y a un fond de juste. La bonne blague. Les seuls sondages du soutien tournaient entre 42 et 49 % (sauf un qui a donné 85 % de soutien). Le reste c'était mettre ensemble des pommes et des carottes. On a additionné soutien et sympathie. Vous pouvez parfaitement trouver quelqu'un de sympathique et réprouver son action. Ces faux sondages (du reste par Internet, les pires qui soient, sur des échantillons trop faibles pour être valides malgré les corrections) ont sur-légitimé ce mouvement qui avait déjà eu sa légitimation par la surabondance d'information le concernant. Alors que le G20 se réunissait, ou que la Russie arraisonnait des bateaux ukrainiens, ces informations autrement plus importantes que les gilets jaunes qui emplissaient les journaux et les plateaux de télévision n'ont pas fait le poids par rapport à ce mouvement minoritaire sur-médiatisé. Trois éléments confortent cette minorité et l'extrême prudence de la véracité de ces sondages. Le premier est très simple à vérifier. Le sondage d'Odoxa des 15 et 16 novembre a annoncé que 15 % des Français étaient « absolument certains » de venir manifester le 24 novembre (**absolument certains** !). 15 % de 47 millions d'électeurs cela fait plus de 7 millions ! Vous avez bien lu 7 millions. Dans la réalité le 24 novembre il y avait 282 000 personnes dans la rue soit 0,6 % des électeurs, soit 4,03 % de ceux qui devait y être. N'importe quel être un minimum honnête se serait posé la question de cette inadéquation totale entre le résultat de ce sondage et la mobilisation dans la rue. Comment se fait-il que les journalistes ne se sont pas remis en question en comparant sondage et réalité ? Un tel écart est si important que cela en est vertigineux. Cet écart remet forcément en cause la réalité du soutien et les 70 à 85 %. Si 15 % d'**absolument certains** d'aller manifester se transforment en **0,6 %** soit moins d'1/24è de la prévision, il est tout simplement impossible de valider les autres sondages.

Le deuxième élément est celui que l'on recueille dans les commentaires qui en parlent, et que vous pouvez vous-mêmes constater. C'est tout simple : vous comptez les gilets jaunes derrière les pare-brise. Un soutien massif devrait s'y voir. Par trois fois j'ai fait ce comptage, et par trois fois je suis arrivé à moins de 12 %. Où sont donc ces gilets jaunes derrière les pare-brise, gilet jaune qu'il faut le rappeler est obligatoire dans chaque voiture ? Un quatrième comptage que j'ai fait sur l'autoroute le 31 décembre a donné 15 gilets jaunes sur 300 voitures. Tombé à 5 %. Faisons un détour par la mascarade des gilets jaunes en rupture de stock dans les magasins. Un véritable journaliste aurait testé les sites Amazon, eBay, Feu Vert, Norauto, Oscaro et aurait vu que cette rupture de stock n'est que ponctuelle et ne concerne pas ces sites. Surtout cette information est d'une bêtise rare. Elle voudrait valoriser le nombre de gilets jaunes, or le nombre on l'a. Quel est donc l'intérêt de cette tentative de montrer combien ce mouvement est populaire ? Il serait si populaire que les magasins auraient été dévalisés ? ! Vous savez on parle souvent de story telling pour les hommes politiques. Ces gilets jaunes ont été un modèle du genre en story telling. Petites historiettes gentillettes, déformations de la réalité et des nombres par un grossissement verbal.

Par ce refus de l'évidence (la mobilisation faible) les media qui ont traité ce mouvement avec autant de bienveillance ont trahi l'éthique de leur métier. Cette trahison va très loin. En effet, même en considérant ces 70 % totalement aberrants de soutien, où sont passés les 30 % autres ? À part une ou deux interventions dans les radios au téléphone ou pour une seule

fois à la télévision. Avez-vous vu à la table où il y avait un gilet jaune qui pérorait un opposant à ce mouvement ? Y a-t-il eu 50 % des temps d'antenne offerts aux gilets jaunes pour ces opposants ? Qu'a donc fait le CSA pour établir un équilibre ? Le nombre d'anecdotes démontrant comment les journalistes ont dorloté ces gilets jaunes, leur ont servi la soupe, les ont regardés énamourés est incalculable. En fin de journée, il y avait sur un plateau d'une de ces télévision en continu, entouré de grands spécialistes, de grands journalistes dont une qui donne en permanence des leçons à tout le monde et écrit dans quelque hebdomadaire, un de ces fameux gilets jaunes. Il me semble que là nous avons atteint des sommets. Lui, c'était le héros sous le regard béat des journalistes. On le bichonnait. Ce gilet jaune qui parlait beaucoup de lui (le héros pour les autres intervenants), on le plaignait car il devait être fatigué, avait la grande particularité de faire des phrases totalement incompréhensibles. En fait il en commençait une et ne savait jamais comment la finir. Dans le peu de compréhensible qu'il disait il réussissait l'exploit de sortir des perles jamais contredites par les autres ni par la donneuse de leçons. En voici trois :
- les charges sociales servent à payer la vaissellerie (sic) de l'Élysée
- 60 millions de Français en ont assez et les soutiennent
- il aime les mots, il est une sorte de littéraire du reste il a lu adolescent (il ne se souvient plus bien) entre 3 et 5 livres.
Pour la dernière perle, vous me permettrez non de me moquer de ceux qui par goût, par circonstances, par le fait même ne lisent pas ou n'ont pas lu de livres, mais de ne pas accepter d'un pantin qu'il se flatte d'être littéraire alors qu'il ne peut

aligner deux phrases et qu'il sort cette énormité. Il est ce qu'il est mais non seulement personne ne l'a remis à sa place, que personne ne l'a contredit, mais au contraire on l'a mis en lumière et le pire étant qu'après une telle prestation il a été réinvité les jours suivants.

Pour terminer sur ce phénomène médiatique hors norme, une première sans doute dans l'histoire des media, voici des chiffres ahurissants qui confinent à la folie furieuse et qui démontrent que sans les media ce mouvement aurait été ce qu'il doit être, numériquement médiocre. Tenez vous bien car ces chiffres, qui confirment l'analyse et l'intuition de ce livre, d'une étude de Kantar Media publiée par le *NouvelObs* du 16 janvier sont tout simplement délirants : du 15 novembre au 14 janvier, soit 60 jours, pas moins de 643 000 mentions des gilets jaunes dans les media français soit l'invraisemblable chiffre de près de 11 000 mentions par jour ! Le 4 décembre ce n'est pas moins de 17 945 soit près de 12,5 mentions à la minute (une toutes les cinq secondes) pendant les 24 heures ! On n'ose imaginer lors des pics d'audience sachant en plus qu'il s'agit de l'ensemble des media et que dans ces 17 945 combien proportionnellement peu sont dans les journaux, ce qui donne une fréquence dans les télévisions et les radios tout simplement infernale. On croit rêver. Les 4 champions : BFM 28 428, LCI 25 602, manille.com 24 720 et France Info 22 099. On le voit une course à l'échalote. Soit environ 400 mentions par jour en moyenne pour chacun de ces media. Certains vont dire que la quantité ne dit rien. C'est doublement faux. D'une part qualitativement les media ont été plutôt favorables aux gilets jaunes (avant de découvrir le 11 janvier qu'ils se faisaient bastonner alors que c'était le cas depuis les premiers jours), car non seulement il s'agit de mentions, mais il ne faut pas oublier les innombrables interviews, les gilets jaunes sur les plateaux, la diffusion de leurs communiqués, les commentaires des actes, l'annonce des manifestations, les reportages sur les ronds-points, la diffusion de leurs avis sur les propositions du pouvoir, sur les interventions de Macron ou des ministres, la diffusion de leurs doléances, de leurs propositions, de leur mal être, du mépris ressenti, de la fraternité, de la solidarité etc. Il était par ailleurs impossible de ne pas diffuser les images de violence mais toujours tempérées en disant que c'était soit des casseurs soit pas dans l'esprit des gilets jaunes, soit les plus radicaux, une minorité, sans oublier tous les soutiens des artistes, hommes politiques, intervenants. Et ensuite car une telle déferlante médiatique entraîne inévitablement la croyance en un mouvement gigantesque et de là, en plus, une envie de le soutenir (d'en être en somme). Il y a dû y avoir pour les gilets jaunes infiniment plus que pour la guerre du golfe. Ces chiffres atterrants prouvent par eux-mêmes que les media n'ont pas joué le rôle de l'information mais ont aidé à créer une importance politique de ce mouvement sans commune mesure en rapport de son importance numérique. Ils devront un jour ou l'autre en rendre compte.

Gilets jaunes ?
De doux agneaux fraternels

Ce chapitre ne peut que que débuter par une image qui laisse pantois. Cela se passe sur une chaîne en continu. Autour de la table des journalistes, des bavasseurs spécialistes de l'analyse, un gilet jaune, bien sûr, leur omniprésence étant pour les media un gage de reconnaissance et d'inféodation. On papote gentiment, servant la soupe au héros du jour et du mois. Cette douce conversation entre ceux qui s'apprécient est interrompue par un reportage. On y voit trois gilets jaunes, assez agressifs, dont un militaire à la retraite (il faut savoir qu'après 15 ans ou 25 ans de bons et loyaux services on peut prendre sa retraite dans l'armée quand il faut plus de 42 ans pour un civil) qui se confortent en disant que puisqu'on ne les entend pas (Ah bon ?), le recours à la violence n'est pas une hypothèse mais bien le moyen de jouer de la voix (en l'occurence du poing et de la boule de pétanque). Que pensez-vous qui va se passer autour de la table ? Rien. Même pas un silence gêné. Bien au contraire tout satisfaite, une journaliste, sourire aux lèvres et yeux embuées va dire cette merveilleuse phrase : « On entend beaucoup le terme de fraternité chez les gilets jaunes. » On continue par, en papillotant des cils (bon ça c'est un peu du cinéma de ma part), discourir de cette valeur innée ou retrouvée de l'humanité qui sourd avec vigueur au milieu des ronds points (ailleurs c'est le terme d'agora qui fera le titre. Il y avait quand même un point d'interrogation). Evidemment le matamore gilet jaune, rosit à peine, se rengorge et flatte son mouvement de cette qualité révélée de fraternité. On vient de montrer des gilets jaunes qui veulent en découdre et ce qu'en concluent cette tablée c'est la fraternité.

Qu'il y ait des calmes et des pacifistes au sein de ce groupe fait de bric et de broc, les gilets jaunes, il serait difficile de le nier mais de nous faire croire ce conte de fée que ce mouvement est fraternel dépasse l'entendement. Ce n'est pas de l'information mais c'est du messianisme, de l'évangélisation, de l'irénisme (ça c'est pour notre ami littéraire des gilets jaunes et je le répète le mépris n'a pas sa place envers qui que ce soit qui ne le mérite pas par sa condition, en revanche se pavaner devant des intervenants béats, cela ne mérite aucune compassion et si les gilets jaunes sont en colère vous me permettrez d'être quelque peu exaspéré par le traitement médiatique qui leur a été réservé). On peut être emballé par un élan massif de solidarité, en revanche un journaliste doit analyser les faits pour ce qu'ils sont et non pour correspondre à un rêve infantile et les transformer pour que ce qu'on dit y corresponde au mépris de ce que notre regard nous montre.

Avant la première manifestation du 17 novembre tout analyste un tout petit peu attentif et objectif ne pouvait pas passer à côté de ce que la presse régionale, les interviews, les messages sur les réseaux sociaux laissaient entrevoir. Comme dit plus haut un mot était important : la **colère**. Et plus un adjectif qui y été associé pouvait être **noire**. À cette colère, exprimée avec virulence et de façon permanente, s'associaient souvent une haine parfaitement exprimée contre Macron, le pouvoir. Il y a un autre terme puissant qui est celui de

déterminé. Lorsque vous avez un mouvement dont les premiers actes sont de bloquer des ronds-points c'est-à-dire de violer la loi, restreindre la circulation, donc supprimer une des liberté fondamentale d'une nation, cette libre circulation (fondamentale à tel point que c'est un des éléments prégnants de l'Europe), lorsque ceux qui le composent sont en majorité en colère et pour certains haineux, comment a-t-il été possible que les journalistes aient pu le considérer comme pacifique ? Son essence-même a un noyau de violence. Son essence-même. Non seulement le blocage des ronds-points est violent, mais il engendre évidemment une violence réactive parmi ceux qui sont bloqués et qui soit n'aiment pas ce mouvement soit pour qui le blocage a des conséquences tragiques. La première personne tuée l'a été parce qu'une femme qui devait emmener son enfant chez le médecin, donc une situation pour elle la soumettant à l'émotion et à la pression, a été affolée par ceux des gilets jaunes autour de sa voiture qui lui bloquaient le passage et qui tapaient (c'est de la douceur et de la fraternité ça ?) sur sa carrosserie. Elle a été prise de panique. C'est une conséquence, malheureusement, prévisible à 100 %. Et c'est bien évidemment une conséquence d'une part du blocage qui entravait sa liberté et celle indispensable de se rendre chez le médecin, un cas de priorité qui n'a pas ému ces gilets jaunes-là, et d'autre part de la violence au sein de ce blocage qui ne se contenant pas de bloquer ont effrayé une personne qui ne leur avait rien fait. Je sais bien que certains vont me dire qu'un cas n'est pas la généralité. Et évidemment un cas n'est pas la généralité. Mais qu'ils m'excusent ceux qui vont le dire. Ce cas extrême est une illustration des conséquences d'un mouvement déclenché par la colère, entretenu par la colère, étant depuis le début une atteinte illégale aux droits des citoyens. Il est structurellement violent. Cette violence va du simple blocage à l'incendie de la préfecture du Puy-en-Velay avec blocage des pompiers. Les media et évidemment les porte parole des gilets jaunes crient au complot, à la volonté de faire passer l'ensemble pour une partie. La vérité qui n'est pas bonne à dire c'est que c'est l'inverse. Une majorité des gilets jaunes ont agi avec violence depuis le début. Il y a nombre de témoignages qui prouvent que ces blocages étaient confiscatoires, qu'ils imposaient pour passer que l'on mette son gilet jaune derrière le pare-brise, que l'on crie : « Macron démission ». Partout en France il y a eu des saccages. Partout. Bordeaux, Toulouse, Nantes, Saint-Etienne, Lyon, Marseille etc. Si 2/3 des radars ont été détruits cela ne peut être par une minorité. Les stations de péages détruites, incendiées, cela a bien été le fait de gilets jaunes et non de casseurs professionnels. 50 millions d'euros de dégâts. Une anecdote. Dans la nuit du 2 décembre j'ai pris l'autoroute A6 au départ de Paris. La sortie Mâcon sud était fermée, mais plus que ça l'autoroute était coupée. Il a fallu faire un long détour. Ce détour m'a amené à prendre un court tronçon d'une autre autoroute et de prendre la première sortie. Un coin perdu autour de Mâcon que pas un Français sur 100 000 ne doit connaitre. Plus de barrière. Détruite. À 200 m de là un rond point. Une tente. Des gilets jaunes. Qui peut croire un instant que ce saccage servait la cause ? Qui peut croire que ce sont des casseurs parisiens ou de grandes villes qui sont venus saccager ce péage ? Un rond point, un camion bloqué, des gilets jaunes et un péage détruit.

La violence a été partout avec les gilets jaunes. La violence des blocages comme dit, mais aussi les coups, les incendies, les destructions, les pillages. Un simple observateur ne peut que constater une évidence qui pourtant, lorsqu'on écoute les commentaires des journalistes, n'a pas atteint leur cerveau. Il s'agit de la fameuse journée du 1er décembre et du filtrage d'accès aux Champs-Élysée. Je ne vais pas parler des scènes de brutalité inouïe que nous avons vues. Je vais juste développer un raisonnement si simple que c'est à tomber par terre qu'il n'ait pas sauté aux yeux des commentateurs. Tout le monde savait, toute la France savait, qu'il y aurait un filtrage à l'entrée des Champs-Élysée. On allait demander aux personnes d'ouvrir leur sac, sac à main et montrer une pièce d'identité. Simple. Peu contraignant. Logique et justifié. Que faites vous si vous êtes un gilet jaune pacifique ? Vous venez sans sac, avec votre carte d'identité. Le sac, quelle est son utilité pour défiler pacifiquement dans les Champs-Élysée ? Vous venez avec votre cher smartphone pour faire des selfies, pour filmer (et à l'occasion pour refiler la vidéo à Mélenchon ou au *Monde*) et vos papiers d'identité. Alors peut-être un petit sac pour un sandwich, une bouteille d'eau. La question simple : comment se fait-il que des gilets jaunes se soient amassés place de l'étoile sans entrer ? La réponse est simplissime ils ne voulaient pas manifester pacifiquement ils voulaient un affrontement. Dans leur sac à dos, il n'y avait pas de bouteille d'eau ou de sandwich mais des boules de pétanque, des frondes, des marteaux, une raquette de tennis. Tout le monde a vu que ce groupement de gilets jaunes place de l'étoile a voulu forcer violemment le passage. Si l'immense majorité des gilets jaunes avait été pacifique alors cette immense majorité se serait retrouvée calmement aux Champs-Élysée. Elle serait passée par tous les points de passages des rues collatérales. Les champs-Élysée étaient quasi vides. Le gilets jaunes en majorité à l'extérieur cherchaient la baston. Parmi les interpellations 90 % étaient des gilets jaunes. On a retrouvé dans leur sac ce que le jargon policier et judiciaire appelle des armes à destination dont j'ai parlé plus haut. Pas des casseurs, des gilets jaunes. Ces près de 1 000 personnes ne sont que celles qui ont été prises. Qui peut oser dire que c'est une minorité qui était violente ? On a un autre moyen de mesure. Dans les dernières manifestations on a parlé de radicalisation. On peut imaginer alors que c'est le noyau dur qui a continué. Les dernières manifestations ont été suivies par moins de 50 000 personnes. Les radicalisés. On peut aussi estimer qu'une bonne part des violents des autres manifestations ont eu leur compte, ont eu peur de finalement de se faire arrêter, ont compris qu'ils avaient dépassé les bornes. On peut conclure que ce fameux noyau radicalisé est plus qu'un noyau, c'est un élément constitutif du mouvement.

Nos bons analystes nous disent qu'il y avait des signes avant-coureurs de ce mouvement que le pouvoir n'avait pas su voir. On peut leur retourner la politesse. Ces mêmes analystes, ce n'est pas qu'ils n'ont pas su voir la violence existante, ils n'ont pas voulu la voir. Depuis le début d'innombrables actions violentes ont eu lieu. Des journalistes ont été pris à partie. Ne sont-ce pas des gilets jaunes qui ont arrêté un camion et sorti manu militari des clandestins pour les remettre la police (la fraternité sans doute) ? N'a-t-on pas vu sur les réseaux sociaux nombre d'appel à la haine, d'informations fausses, de théorie du complot ? La violence a été initiale, constante et majoritaire. On a vu des porte-parole ne pas condamner les violences, les comprendre et utiliser un argument très connu des idéologues : c'est la violence policière qui justifie cette violence. Ces leaders non représentatifs inversent totalement la temporalité des faits. Combien de fois a-t-on entendu à la télévision ou à la radio des personnes justifiant ces actes de destruction et d'attaques aux personnes en disant : « c'est normal quand on a reçu une grenade lacrymogène de se défendre » ? La chronologie des faits donne un éclairage qui annihile cet argument, mais la raison n'a rien à faire dans cette histoire. Ceux qui veulent dégager la responsabilité des violents parmi les gilets jaunes et rendre responsable la police ne sont sensibles à aucune raison. On l'a tous vu. Les gilets jaunes de la place de l'étoile ont chargé de nombreuses fois avant que la police n'envoie des grenades lacrymogènes. C'est un fait. Le reste n'est que détournement des faits par idéologie. Le reste n'est que la fable du loup et de l'agneau, fable habituelle des black blocs, de l'extrême gauche et de l'extrême droite. C'est la même attitude des voyous violents qui trouvent toujours une raison pour taper. Un regard, un sourire, une démarche. Peu importe il faut une cause qui justifie leur violence. Ces gilets jaunes violents sont des voyous de la justification de leur propre violence. On aura bien sûr cette autre justification, antienne de la CGT, du PC ou des Mélenchonistes etc : la première violence est la violence sociale impliquant que leur violence est justifiée par cette première. On en reparlera lors d'un exemple concret dans le prochain chapitre.

Dans la story telling que les media nous ont concoctée, il y a le côté conte de fée, romance Harlequin, des saynètes mignonnes comme tout, et la découverte que l'eau ça mouille. On apprend que des amours ont pu se nouer. Tiens pardi, comme au bal des pompiers du 14 juillet. Que des gilets jaunes ont trouvé des amis. Tiens comme ce qui existe lors de la fête des voisins qui existent depuis quelques longues années déjà, ou que l'on retrouve dès que plusieurs personnes se mettent dans un groupe pour une même cause comme des supporters, des joueurs de belote au café du coin. Rien que du banal et qui n'est en rien une caractéristique de ce mouvement. La fraternité elle existe déjà en France et se montre comme les restos du cœur, Emmaüs, les petits frères des pauvres, le SAMU social, la CMU, le minimum vieillesse, le RSA, et cette toute petite institution qui s'appelle la sécurité sociale. Certes cette dernière est obligatoire dès que l'on a des revenus (y compris ceux soumis à la CSG). On nous fait donc tout un plat pour quelques aspects ultra minoritaires (même si c'est fort sympathique) comme si c'était le cœur battant de ce mouvement, alors que le cœur nucléaire c'est la colère, la revendication.

On y reviendra mais dans cette fraternité universelle, une étude sociologique a démontré que la composition de ce mouvement ne comprenait que très peu de chômeurs, de ceux qui sont les plus démunis, et que certains sont considérés par une partie des gilets jaunes comme des parasites (c'est là une expression de cette belle fraternité). On y reviendra. Oui, on y reviendra.

Du reste il faudra nous expliquer où l'on trouve cette fraternité quand il est impossible à ce conglomérat de trouver des porte-parole légitimes, qu'ils se déchirent pour savoir qui les représentera, que ceux qui les représentent sont pour une part dénigrés, considérés comme non représentatifs (d'où viennent-ils ? On ne les connaît pas. On n'a pas voté pour eux). La belle fraternité s'exprime quand il y a des menaces de mort, quand sur 8 représentants 6 ne viennent pas à une réunion avec le pouvoir, justement à cause des menaces, un reste dix minutes et l'autre reste une heure et sort par la petite porte. Où sont donc les gilets jaunes en masse pour les protéger, les accompagner jusqu'à Matignon comme des gardes suisses, chercher et trouver les responsables des menaces de mort et les exclure ? Remarquez il est difficile d'exclure qui que ce soit d'un mouvement au contour flou, à la composition mouvante, aléatoire et juste circonstancielle, aux revendications infinies, multiples, contradictoires et fumeuse.

Au passage une anecdote qui n'est pas à la gloire de l'ancien président. Il s'est déclaré attentif aux gilets jaunes en taclant Macron, qui lui a renvoyé la balle. Ce que l'on a appris c'est qu'il devait venir signer son ouvrage dans une librairie et que cette libraire l'a appelé affolée parce que des gilets jaunes mettraient le feu à sa boutique si jamais Hollande ne se déclarait pas favorable aux fameux fraternels et doux gilets jaunes. Ce qu'il s'est dépêché de faire avec grand courage.

C'est justement cette composition réunie surtout par la colère et l'impossibilité de savoir comment être représenté, qui est un autre germe de la violence. Ce mouvement, cette sorte d'hydre à tête multiple a donc continué à mettre à rude épreuve l'éthique de ces media. En effet, outre l'aveuglement sur la réalité numérique et l'importance réelle de la mobilisation, ils ont donné la parole à des personnes dont la légitimité était parfaitement incertaine - passant du reste, comme si cela n'avait pas d'importance, outre les informations sur la colère de certains d'entre ces gilets jaunes déclarant que ces porte-parole ne représentaient qu'eux, se demandant comment ils avaient été choisis, où était la démocratie, passant outre parce que tout en diffusant les informations contestant leur légitimité ils ont continué à les légitimer en persistant à leur donner la parole. Un point essentiel a été extraordinairement négligé par les media : savoir qui étaient, ou sont, les porte-parole. Ce travail minimal, ce travail qui est l'essence même du journalisme : l'information a certes été faite, lorsqu'elle l'a été avec service minimal, mais sans écho et sans conséquences. En effet dans le flot d'information continue, dans la sur-abondance d'information, ce que sont ces porte-parole est passé totalement à l'arrière plan. Pire ou pis, aucune conséquence qui eut été de refuser la parole à certains, ou pour le moins de tenir informé chacun lors de chacune de leurs nombreuses interventions de leur parcours pour que les Français sachent qui parle au nom des gilets jaunes et aussi d'où vient leur légitimité très hypothétique. Et cela va plus loin puisque certains d'entre eux, après que leurs penchants extrémistes ou complotistes ont été découverts, sont à nouveau interrogés et donnent à nouveau des consignes d'actions. La responsabilité des media est lourde, très lourde dans ce manque absolu d'une éthique minimale. Il y a bien eu un mea culpa comme le rapporte *Le Figaro* du 13 décembre :

«Les chaînes d'infos ont donné à ces 'gilets jaunes' des tribunes. Le couple réseaux sociaux et chaînes infos peut être explosif», a dans un premier temps concédé le présentateur et journaliste de CNews [il s'agit de Pascal Praud]. *«Benjamin Griveaux a raison. J'ai reçu sur ce plateau un garçon que je ne citerai pas* [il s'agit de Maxime Nicolle (Fly Rider)]. *Il venait de Bretagne avec une casquette à l'envers. Ce même garçon a fait un Facebook Live pour expliquer que l'attentat de Strasbourg était le produit du gouvernement»*, a poursuivi l'animateur des Auditeurs ont la parole sur RTL avant de s'interroger: *«J'ai invité ce garçon en plateau?»*. Et d'ajouter quelques minutes plus tard: *«Pour cette séquence, il y aura un examen de conscience à faire pour les chaînes d'infos. Il faut le dire. Pour tout le monde. J'ai cité un exemple tout à l'heure. J'ai reçu effectivement un 'gilet jaune'. Avec du recul, je me dis que j'ai donné la parole à quelqu'un qui ne méritait pas de l'avoir. C'est aussi simple que ça»*. Un examen de conscience ? N'y pensez même pas. De toutes façons le mal est fait. Ce complotiste, un des huit porte-parole - officiels 48 heures - a eu droit aux petits plats dans les grands pendant deux mois. Bien que le sachant complotiste (et immonde complotiste), *Le Monde* plusieurs jours après cette découverte, reprend son nouveau mot d'ordre à manifester (ce que *Le Monde* aurait dû s'abstenir de faire vu le personnage), mais en plus n'informe pas le lecteur du fait qu'il est complotiste confirmé.

Il y avait des signaux graves : toutes les informations mensongères, pour ne pas parler de l'antisémitisme et du racisme latent ou exprimé qui s'est beaucoup plus vu vers la fin mais qui étaient présents depuis le début, et une bonne proportion de sites complotistes. Ce travail minimal pour déterminer qui représentait ce mouvement, n'a pas eu l'écho salutaire qu'il aurait dû avoir, pour découvrir fin décembre que, Oh horreur !, il y a des personnes qui font la quenelle de Dieudonné - un groupe qui s'est réuni, il ne faut pas l'oublier, au son du clairon d'un des porte-parole (le fameux Drouet qui voulait prendre l'Élysée comme on prend la Bastille), si ce n'est le premier des porte-parole (ce qui gêne un peu aux entournures nos journalistes) ou qui insultent dans le métro une rescapée des camps. Ce mouvement ne pouvait donc qu'avoir de la violence en lui du fait de sa composition de l'impossibilité de s'organiser et de désigner des porte-parole et surtout en fonction des porte-parole eux-mêmes.

Commençons symboliquement par la une de *Paris Match*. Effectivement ce n'est pas un porte-parole, mais il est photographié devant un policier, avec son gilet jaune. Laissons la parole au *NouvelObs* du 6 décembre 2018 :

Pas de chance, le gilet jaune photographié de trois-quarts n'est pas un citoyen lambda. L'homme s'appelle Hervé Lalin, plus connu sur les réseaux sociaux sous le nom d'Hervé Ryssen. Auteur de plusieurs livres dont « Les Milliards d'Israël – Escrocs juifs et financiers internationaux » (2005) et « La Mafia juive » (2007), le militant d'extrême-droite a été condamné en 2016 par le tribunal correctionnel de Paris à un an de prison ferme pour des messages antisémites publiés sur Twitter et Facebook, et a été jugé en 2012 pour avoir proféré des injures homophobes à l'encontre de Bertrand Delanoë. Très actif sur les réseaux sociaux, il poste quotidiennement des vidéos et des commentaires sur le mouvement des Gilets jaunes et s'est vanté dans la nuit de mercredi à jeudi, de faire la une de Paris-Match.

Vous devriez lire les commentaires des soutiens des gilets jaunes sous l'article, ceux qui s'expriment et qui naviguent comme des poissons dans les eaux abondantes du complot. C'est évidemment atterrant. Si *Paris Match* a diffusé cette image en une, selon eux, c'est bien évidemment pour décrédibiliser les gilets jaunes. C'est exactement ce qu'il vont dire chaque fois que l'on découvre des informations dérangeantes sur l'un ou l'autre des porte-voix. Et si quelqu'un se demande pourquoi la presse ne fait pas son travail, on a cette réaction typique des staliniens : « tu voudrais que la presse flique les gilets jaunes ? » Non on voudrait juste qu'elle informe et quand on a des porte-parole qui réclament beaucoup et se réclament du peuple, on est en droit de savoir s'ils ont le cul propre.

Outre le fait d'être à la une, ce qu'il faut noter de cet article sur un antisémite condamné à un an de prison, c'est qu'il est très actif sur les réseaux sociaux. C'est donc un des moteurs de ce mouvement (avec quelle importance ? c'est à voir).

Comme on ne sait pas vraiment d'où viennent les porte-parole voici un rappel en quelque sorte historique. 44 personnes, ayant une page Facebook se sont réunies par visioconférence pour déterminer qui parmi eux représenteraient le mouvement (communiqué du 26 novembre déclarant que 8 porte-parole rencontreraient le pouvoir. On connaît la suite 6 n'y sont pas allés, un est resté 10 mn. On sait aussi que certains ont disparu des radars et d'autres sont apparus). Les exigences étaient la parité (au départ car résultat 2 femmes pour 6 hommes), avoir été visibles (Drouet, Nicolle par exemple), et ce qui est assez cocasse quand on sait la suite (et au passage un mensonge dans une déclaration à l'hebdomadaire *Marianne* de Thomas Miralles qui : *revendique seulement "d'avoir pris part aux manifestations de son club de rugby" local, et "certainement pas autre chose".* Effectivement il n'aura qu'été candidat sur une liste FN à une élection municipale …) voici le savoureux dernier critère à remplir pour devenir porte-parole des gilets jaunes (toujours selon *Marianne*) : *n'avoir eu aucun engagement politique ou syndical préalable. "Nous avons voulu avoir des gens qui n'ont pas d'intérêts particuliers ou militants qui pourraient influencer le mouvement", développe Thomas Miralles.* Ah ce Miralles, il faudra l'inventer s'il n'existait pas.

Communiqué du 26 novembre 2018 des gilets jaunes
Le 26 novembre 2018,
Conscient qu'il convient d'obtenir des avancées pour l'ensemble des citoyens se donnant corps et âme depuis l'évènement du 17 novembre lancé par Eric D., le mouvement des Gilets Jaunes est en mesure de vous présenter un groupe de communicants officiels.
Composé de 8 citoyens, ce groupe a pour mission d'engager une prise de contact sérieuse et nécessaire avec les représentants de l'Etat et de son gouvernement et de faciliter la communication entre citoyens manifestants et coordinateurs/ coordinatrices de manifestations.

Depuis de nombreux jours, une coordination nationale s'est construite avec plusieurs dizaines de Gilets Jaunes de tous horizons. Celle-ci était ouverte à toutes celles et ceux qui souhaitaient s'investir pour une concrétisation des revendications exprimées par des millions de Français. Chacun a eu l'occasion de l'intégrer sur simple sollicitation, certaines personnes régulièrement présentes dans les médias ne se sont toutefois pas manifestées pour y prendre part. Aussi, cette coordination, étant donc composée de manifestants identifiés par leurs actions sur le terrain et connu des médias, a reçu de nombreuses demandes de citoyens réclamant une structure apolitique leur permettant d'identifier une seule source d'informations et réclamant de savoir à qui s'adresser pour tous sujets relatifs au mouvement.

C'est cette coordination nationale, qui s'est réunie, comme elle le fait régulièrement, pour se mettre d'accord sur la formation d'un groupe de communicants que voici :

- Éric Drouet (création événement du 17/11/18)
- Maxime Nicolle (Dpt 22)
- Mathieu Blavier (Dpt 13)
- Jason Herbert (Dpt 16)
- Thomas Miralles (Dpt 66)
- Marine Charrette-Labadie (Dpt 19)
- Julien Terrier (Dpt 31)
- Priscillia Ludosky (Auteure de la pétition contre la hausse des taxes sur les carburants ayant réuni près d'un million de signatures)

Maintenant créé et connu de tous, ce groupe de communicants forme une délégation, laquelle demande au Président de la République, au Premier Ministre et à son gouvernement une première rencontre. Le mouvement des Gilets Jaunes précise que la mission de cette délégation ne sera jamais de donner des ordres à l'ensemble des Gilets Jaunes, ces personnes ne sont pas des leaders ni des décisionnaires, mais des messagers. Aucun membre de cette délégation n'en tirera un quelconque profit de quelque nature que ce soit.

Les objectifs sont clairs, il s'agit :

- de porter les revendications issues du sondage qui était accessible pendant plusieurs jours sur le groupe Facebook « La France en colère » et de nombreux groupes régionaux. Sondage où un grand nombre des Gilets Jaunes a eu l'opportunité de faire entendre sa voix et de voter pour la ou les revendications considérées comme indispensables.

- d'avoir des Gilets Jaunes clairement identifiés, ils seront les interlocuteurs nationaux des médias pour des confirmations ou démentis afin d'éviter toute récupération de quelconque parti politique et de tout autre personne. Pour rappel, le soutien des syndicats est accepté à l'unique condition qu'il ne serve pas les intérêts d'une branche d'activité qu'ils représentent, mais seulement des citoyens qu'ils soient adhérents ou non au-dit syndicat. Les revendications ayant été les plus plébiscitées lors de ce référendum et ce par près de 30 000 personnes sont jointes en annexe du présent communiqué.

Elles seront toutes portées de vive voix à la connaissance du Président de la République, du Premier Ministre et de son gouvernement.

L'unique volonté est que l'ensemble de ces propositions soient soumises à un référendum populaire.

Par conséquent, nous demandons aux représentants de L'Etat et du gouvernement de nous recevoir dans un délai *raisonnable. À défaut de rencontre ou de propositions sérieuses lors de cet éventuel échange, les actions se poursuivront et se renforceront jusqu'à l'aboutissement d'une solution concrète. Par ailleurs, aucune scission de quelque nature est en cours contrairement aux récentes déclarations de certains individus, les personnes portant ce message devant les médias ont besoin d'extérioriser leur frustration, mais il n'y a pas de place pour la gloire dans un mouvement citoyen et en sommes désolés pour ces personnes. Nous rappelons que toutes formes de blocages complets et de violences ne sont pas représentatives du mouvement des Gilets Jaunes, nous les condamnons fermement. Enfin, nous saluons les médias et les journalistes traitant ce mouvement avec objectivité et impartialité, il est important de le reconnaître car ce n'est pas le cas de tous.*

Avant de donner quelques informations sur ces porte-parole et d'autres car tous n'ont été que peu de temps sous les feux de la rampes, disparus, remplacés par d'autres, il est intéressant de regarder ce texte de près. Tout d'abord leur légitimité est tout à fait fantaisiste. 44 personnes, juste parce qu'elles ont des pages Facebook s'auto-saisissent, décident qu'elles sont l'assemblée constitutive des porte-parole. Bien. On voit que Drouet est à la manœuvre puisqu'il est cité (le ridicule ne tue pas) avec l'initial de son nom (un gage à qui ? pour faire modeste ?) alors qu'il est identifiable par son prénom et de plus par son qualificatif d'initiateur du mouvement du 17 novembre. Vous remarquerez que les deux femmes sont reléguées à l'antépénultième et à la dernière place, qu'il n'y a pas de liste alphabétique et que les deux durs sont en tête de liste. Ce texte est une tartuferie car il parle de 30 000 signatures (un million de signatures pour la pétition de Priscillia Ludosky) alors que cette pétition serait le résultat de son exposition sur les 44 sites dont celui de cette Priscillia Ludosky et de cet Eric Drouet les deux têtes de gondole du mouvement. C'est une tartufferie quand il est écrit qu'ils condamnent les blocages et que par la suite des appels à la violence, alors qu'ils ont été reçus, ont été lancés tant par le complotiste Nicolle que par le camionneur Drouet. Pour le calme, il faut noter le nom du site : *La France en colère* (sic)

Ces huit héros et hérauts auront été d'un courage surhumain, eux qui se dévouent « corps et âme pour la cause », eux qui sont, pour une partie, prêts au coup de poing, ont disparu en rase campagne quand il a fallu aller voir le pouvoir, menacés de mort par leurs amis, ou certains de leurs amis des gilets jaunes. Ces menaces de mort n'a transpiré que tardivement et faiblement. Notez qu'une des deux femmes Marine Charrette-Labadie se retire dès le 29 novembre soit 3 jours après le communiqué : « *J'en avais marre, j'étais fatiguée et je n'avais pas envie de me battre pour des gens qui ne le méritent pas. Je veux me protéger. Je vis "gilet jaune" ces derniers jours.* » Elle ne sera pas porte-parole régionale : « *Si je n'avais pas été autant critiquée ces derniers temps, je l'aurais fait. Je me serais donnée corps et âmes comme je l'ai fait à Brive. [...] Aucune date n'a été donnée concernant la nomination de ces personnes. [...] Une chose est sûre, ça va être la guerre* ». À noter également qu'elle prône quand-même de lever les barrières d'autoroute (illégal) et de bloquer les parcmètres (illégal aussi). En fait cela n'aura duré que comme la vie éphémère de papillon, puisque tous se saborderont pour ne laisser la place qu'aux seuls deux initiateurs (!). Ceci prouve, si besoin était, l'impossibilité actuelle de ce mouvement à se structurer, et surtout de trouver une organisation qui tienne la route. Et ceci prouve - ce qui ne semble pas atteindre les journalistes - le peu de crédibilité de ceux qui se sont présentés comme étant en groupe les porte-parole, groupe qui se dissout deux jours après avoir été créé.

On pourrait rire aussi de leur tirade sur les gentils journalistes qui ont été insultés, menacés et malmenés en novembre et décembre. Enfin, nier des dissensions au sein d'un mouvement disparate où elles sont évidentes est assez niais.

Pour parler de ces porte-parole, tant les huit officiels du début (48 heures quand même) que des autres, sans ordre ni alphabétique ni de priorité, mais comme ils sont venus au fur et à mesure de mes recherches, commençons par une des hautes figures des gilets jaunes celui qui va d'un plateau à l'autre. Remarquez il a le temps. Il s'appelle Jean-François Barnaba. On apprend incidemment qu'il touche nets 2 600 € par mois, qu'il est attaché territorial et que depuis décembre 2008, soit depuis 10 ans, il est en disponibilité. Bien sûr les thuriféraires des gilets jaunes vont parler d'attaque sous la ceinture, que s'il ne bosse pas c'est de la faute de sa placardisation, de son employeur (ce qui est vrai), que c'est la presse complice qui le met en avant pour décrédibiliser le mouvement etc. En fait peu nous importe qui il est dans sa vie, peu importe pourquoi il ne travaille pas et touche une somme confortable sans travailler (il le déplorerait lui-même, paraît-il), ce qui compte c'est qu'effectivement il peut se balader d'un plateau à l'autre alors qu'il est payé par les impôts des contributeurs de son département, mais surtout que sa situation de privilégié ne lui permet pas de se présenter en porte-parole. En effet il ne peut en aucun cas être le porte-parole de personnes dont il ne partage pas grand chose hormis la colère et la détestation des plus riches et du pouvoir : son salaire est de 50 % au-dessus du salaire médian en France, il ne travaille pas mais gagne sa vie donc en dormant comme dirait l'autre, il a la garantie de l'emploi, aura une retraite calculée sur 75 % des six derniers mois quand chaque Français non privilégié ainsi de n'avoir que 60 % des dix meilleurs années (une énorme différence), que comme il ne travaille pas, ce n'est pas l'augmentation du prix du carburant qui va le gêner et avec son salaire même une augmentation de 30 € par mois ne va pas le mettre sur la paille. N'oublions pas que cette augmentation de la TICPE est pour financer la transition énergétique. Et à ce point il est important de rappeler que les écologistes (plus politiques qu'écologiques) ont été indécemment les grands silencieux. Personne n'est monté au front pour défendre cette cause. Ah bien sûr, si, ils sont montés mais pour répandre un mensonge comme quoi cette taxe ne serait pas à la transition écologique parce qu'en fin d'année une partie a été reversée au budget général. Cette mauvaise foi est une preuve que leur combat est fortement entaché par une idéologie politique anti-gouvernementale. La réalité est que c'est la loi. Oui la loi. Les sommes d'un poste budgétaire qui ne sont pas dépensées voient le montant restant retourner au budget général. Ce n'est donc pas un détournement budgétaire mais le fait que les dépenses prévues de la transition énergétiques ont été supérieures à celles réalisées. Cet argent sera rendu l'année suivante pour cette même cause. Ainsi en est-il que les écologistes au lieu de prendre haut et fort la défense de cette mesure ont préféré un coup bas mensonger et malhonnête. Cela ne fait que leur faire perdre un peu plus de leur crédibilité. Et du reste pour en finir avec cette histoire de silence et abandon de la cause, où étaient les 2 millions de signataires qui veulent mettre le pouvoir devant la justice pour inaction contre le réchauffement climatique quand le bon peuple a rué violemment dans les brancards quand il s'est agi justement d'agir ? Où étaient-ils ces 2 millions contre les 282 000 gilets jaunes dont l'étincelle de manifestation fut cette augmentation de taxe au bénéfice de la lutte contre le réchauffement climatique ? En conclusion ce porte-parole-là, Jean-François Barnaba, n'a aucune légitimité pour représenter les gilles jaunes, un peu comme si Redoine Faïd était le porte-parole de la place Beauvau.

Eric Drouet, l'emblématique initiateur de la première manifestation (quoiqu'il y en aurait deux, puis peut-être plusieurs) a été interpellé avec sur lui une matraque et sera jugé en juin 2019. Il se déclare donc comme l'initiateur principal de la manifestation du 27 novembre et donc de la suite. C'est lui qui a appelé à manifester à Montmartre où une chanson de Dieudonné a été entendue avec quenelle à l'appui. C'est lui aussi qui a demandé à, disons le avec un peu d'exagération, prendre d'assaut l'Élysée pour déloger Macron. Il a créé un site spécifique avec comme titre *La France en colère*. Plus tôt dans l'année il a republié des vidéos anti-migrants. On n'a rien refusé à cet Eric Drouet : Bourdin Direct, Hanouna, les chaînes en continu, des heures et des heures d'antenne. Voici quelques unes de ces déclarations : *« Je suis neutre, le mouvement n'est ni politique ni syndicale, j'y veillerai jusqu'au bout »* Amusant non. Comme on le voit il y a des politiques et au moins un syndicaliste dans les porte-parole, mais en plus, peut-être se prend-il pour le chef puisque c'est lui qui y veillera (avec sa matraque ?). Lorsqu'il est allé manifester aux Champs-Élysée c'est bien évidemment avec un masque à gaz. Mais juste après la première manifestation voici ses propos : *« Il faudra que ça pète tous les week-ends jusqu'à ce que ça change une bonne fois pour toutes. »* Vous avez bien lu : **il faudra que ça pète tous les Week-ends**. Cet appel à la violence ne l'empêche pas la bouche en cœur de sortir des propos lénifiants devant les micros, ni n'empêchera nullement les media de continuer à parler d'un mouvement pacifique alors que son initiateur, tel qu'il ne nomme lui-même, appelle à la violence. Mais il n'est pas sans idée, ni sans vouloir donner une autre orientation. Prochaine idée donc : *« Arrêter le blocage de voitures qui fait mal aux citoyens. Cibler ce qui fait mal à l'État : les raffineries, les stations-service, les ports, les plates-formes comme Rungis ».* Là vous remarquerez la logique imparable : bloquer Rungis, là où il y a en majorité des denrées périssables c'est faire mal à l'État. Bloquer les transports en bloquant les approvisionnements de carburant, pour sûr là aussi cela fait mal à l'État. On remarquera au passage que les ronds-points ont continué de bloquer les voitures. Ne revenons pas sur cette confusion de ce que représente l'État, qui n'est pas un Moloch, mais bien d'un côté l'organisation de la vie dans la cité et de l'autre la réduction des inégalités et la redistribution. Avec des Eric Drouet, l'État serait une sorte d'obèse attablé qui se goinfrerait jour et nuit en restant assis sur sa chaise et en volant des cuisses de poulets aux éleveurs (comme celui des poulets de Bresse par exemple). Ce leader perfusé par la presse a été accusé d'avoir voté aux deux tours pour Marine Le Pen. Voici ce qu'il en écrit : « *Personnes ne sais pour qui j'ai voté ! On s'en fou complet ! Et non je n'est pas voter FN et même si je l'aurais fait c'est pas la question du jour ! »*. À cette éclairante réponse voici ce qu'un lecteur *du Monde* a posté : « *Les réseaux sociaux ont donné le droit de parole à des légions d'imbéciles qui, avant, ne parlaient qu'au bar, après un verre de vin et ne causaient aucun tort à la collectivité. On les faisait taire tout de suite alors qu'aujourd'hui ils ont le même droit de parole qu'un prix Nobel. C'est l'invasion des imbéciles »*. *Umberto Eco, entretien dans «Il Messagero»*. On apprend par ailleurs qu'il a repris les tweets de Wallerand de Saint Just (trésorier mis en examen du FN) et parmi les abonnés de son compte on trouve Rachline, Brisbois, Saint-Just, Bay, Génération Nation, et le policier révoqué, souverainiste, Sébastien Jamallion qui intervient sur Boulevard Voltaire, Sputnik News (media financé à 100 % par l'administration poutinienne) etc. En novembre il a eu droit à un reportage de BFMTV. En off il aurait déclaré avoir voté Mélenchon au premier tour, quand au second il a déclaré que le choix entre Macron et Le Pen était difficile, qu'il se posait pour beaucoup de Français dont lui.

En voici un autre : Le porte-parole catalan des Gilets jaunes, également un des huit fameux porte-parole, Thomas Miralles, a été candidat aux municipales à Canet en 2014 sous la bannière Canet Bleu Marine (FN donc pour mettre les points sur les i). Du reste ce jeune-homme a aussi était candidat en 2010 sur une liste Union républicaine pour Canet soutenue par le PS. Il plaide l'erreur de jeunesse. Pour son respect de la démocratie

voici un poulet envoyé au président : « Pas de place pour les voyous au sommet de l'État »
Sans doute comme Chouard ?

Et un autre à Toulouse : Benjamin Cauchy, beaucoup plus intéressant que le falot précédent. Voici une partie de l'enquête de France 3 des 21 novembre et 7 décembre 2018 :
Un porte-parole non-officiel
Les "gilets jaunes" est un mouvement spontané et désorganisé. Mais des figures émergent et, en Haute-Garonne, il s'agit d'un cadre commercial de moins de 40 ans. Benjamin Cauchy est parfois contesté sur les barrages. Certains"gilets jaunes" refusent l'idée de porte-parole et estiment que chaque "gilet jaune" porte la parole du mouvement.

Ancien élu UMP de Laon
Mais, Benjamin Cauchy est devenu, en quelques jours, l'interlocuteur privilégié des médias. Le jeune homme lève facilement le voile sur ses motivations. Avec une vraie facilité d'expression, le "gilet jaune" évoque son combat pour le pouvoir d'achat et contre le "matraquage" fiscal. Spontanément, Benjamin Cauchy parle de son expérience politique et d'un mandat local, sous l'étiquette l'UMP.
Syndicaliste étudiant
En revanche, certains points restent dans l'ombre. Benjamin Cauchy a été un syndicaliste très actif à l'université de Lille. L'étudiant en droit a été un leader de l'UNI, un syndicat proche de la droite. La figure "gilet jaune" ne met pas forcément en avant ce passé. Un passé qui n'est d'ailleurs pas gênant. En revanche, Benjamin Cauchy occulte totalement son

appartenance au parti de Nicolas Dupont-Aignan, Debout La France.

Encarté à Debout La France

Benjamin Cauchy est-il adhérent à Debout La France ? Le "gilet jaune" se réfère parfois, lors de ses interventions médiatiques, au parti de Nicolas Dupont-Aignan. Ces références traduisent une certaine proximité politique. Cette proximité va-t-elle jusqu'à une carte et une adhésion en bonne et due forme ? Contacté par France 3 Occitanie, le porte-parole de Nicolas Dupont-Aignan commence par répondre en envoyant un texte relatif à la liberté de pensée et d'opinion. Après plusieurs échanges, le représentant de Debout La France déclare : "je ne vois pas ce que ça change de savoir s'il est encarté DLF, Modem ou LFI".

Les "vraies-fausses" réponses de la direction nationale de Debout La France traduisent une gêne. Au niveau local, il existe beaucoup de précautions oratoires. Un membre de Debout La France déclare "Cauchy est encarté comme simple militant mais il s'exprime comme "gilet jaune".

Les rapports entre Debout La France et Benjamin Cauchy ne sont pas les seules zones d'ombres.

Des fréquentations douteuses
Selon nos informations, Benjamin Cauchy fréquente des membres de l'Union Corporative pour le Défense et l'Entraide Languedocienne (UCODEL). Le "gilet jaune" aurait des

contacts avec des représentants d'un groupe d'ultra droite. L'UCODEL se revendique comme un groupuscule "nationaliste" et dément toute inclinaison "néo-nazie". Même si plusieurs photos, prises lors de concerts organisé par l'UCODEL, montrent des saluts nazis.

Le "gilet jaune" reconnaît simplement avoir "peut-être consulté leur site". Mais une source policière affirme que Benjamin Cauchy a été aperçu à plusieurs reprises avec des membres de l'UCODEL. Toujours selon cette source, cela ne signifie pas forcément que le "gilet jaune" est membre du groupuscule mais une fréquentation et une certaine proximité sont établies.

Frank Buhler, lui aussi est intéressant. Il serait l'initiateur de la manifestation à Paris du 24 novembre. Un joli coco. Adhérent au FN en mai 2016 dont il démissionnera alors qu'une procédure disciplinaire au niveau national a été lancée contre lui pour propos raciste, suspendu localement en automne 2017. Tweet du 27/12/2017 18:02 : « *Pauvre inculte les « chiffres arabes » viennent de l'Inde ! Ils ont juste été « transporté »* [faute de grammaire comprise] *en occident par les arabes. Les arabes n'ont JAMAIS rien inventé. Question de QI ? »* Il a « glissé » vers Dupont-Aignan. Ce n'est pas qu'il ait sa carte à Debout la France, non il en est le responsable. Mouvement a-politique (c'est le deuxième encarté à ce mouvement des huit leaders) disait Drouet.

Venons en a un gros poisson : Maxime Nicolle, aka « Fly Rider », celui dont on a parlé plus haut avec la casquette à l'envers. Lui, il a voté Marine Le Pen au second tour de l'élection présidentielle. Il a aussi eu cette fameuse phrase à encadrer : *« On va leur faire perdre aux riches 5 milliards d'euros par jour de blocage »*. Outre le fait de la monstruosité de la somme qui dénote une réflexion quelque peu déficiente (ou alors une exagération volontaire), cette simple phrase à elle toute seule dit la haine des riches (ce qui n'est pas a priori le centre du message des gilets jaunes, quoique, peut-être que si), la stupidité de faire croire que ces blocages vont nuire aux seuls riches comme le prouveront les conséquences économiques avec du chômage partiel ou du chômage technique, le dépôt de bilan de petites sociétés de transports, les difficultés des petits commerçants, le pourrissement de denrées alimentaires etc. Tiens je vais en profiter pour lui donner, à lui et aux gilets jaunes anti-riches et contre l'injustice fiscale une piste : aller bloquer tous les terrains de football, là où un Mbappé de 19 ans qui tape juste dans un ballon - ceci en plus est sa passion - pour un salaire de 10 millions par an, sans compter ses contrats publicitaires. Là ils pourraient faire des barrages et récolter de l'argent. À eux tous sur les terrains du championnat, combien pèsent-ils par an de salaires mirobolants et indécents ? Du reste Mbappé trouve lui aussi son salaire « indécent » mais « c'est le marché » dit-il. Pourquoi ne s'y sont-ils pas rués contre ces joueurs qui doivent avoir pas loin d'un milliard par an sans compter les charges sociales, les impôts payés par les clubs et les contrats de mécénat ? N'est-ce pas de l'injustice totale ? Et que l'on ne nous dise pas qu'après 35 ans ils sont foutus. D'une part parce que c'est faux et qu'ils se reconvertissent et d'autre part, même s'ils ne touchaient pas un fifrelin de salaire jusqu'à leur mort, il suffit de diviser 10 millions d'euros pendant 15 ans par 80 ans cela laisse encore 156 000 € par mois toute sa vie.

10 ans de SMIC par mois ou alors le revenu **annuel** de vers 50 ans des plus hauts salaires de médecins ayant fait dix ans d'études. Pas belle la vie ? Et aussi plutôt que de promettre de brûler une librairie qui diffuse les livres de notre ex-président s'il ne soutenait pas ce mouvement, les gilets jaunes pourraient empêcher la diffusion du dernier CD de Johnny Halliday qui n'a eu qu'une carrière nationale, qui s'est enrichi grâce aux Français (et quand on connaît le prix d'un billet de ses spectacles, on imagine les sacrifices que font ses fans) et qui va vivre aux USA (où il a planqué sa fortune dans des trusts et qui aurait déshérité des enfants naturels au profit de ceux adoptés) ou en Suisse pour ne pas payer d'impôts. Là en brûlant les stades ou les disques de Johnny, ils seraient dans leur cible, plutôt que de saccager une permanence ou un logement d'un député LREM.

Et ce Fly Rider se préparait depuis longtemps à la révolution (et du reste il avait une guillotine sur son site, sans doute l'aspect de la révolution de 1789 qu'il préférait. La terreur, peut-être ? On a bien vu un pantin à l'effigie de Macron décapité) : *« Cela fait plusieurs années qu'on se prépare à tout ça, poursuit-il. On veut que le gouvernement démissionne et on veut récupérer la gestion de notre pays [...] Le gouvernement c'est fini, maintenant c'est le peuple qui va gérer son pays »*. On connaît la suite. Après l'attentat terroriste de Strasbourg il a insinué que ce n'était pas un attentat mais la volonté du pouvoir de détourner l'attention et nuire au mouvement des gilets jaunes. Pas de commentaires. Ah, encore quelques mots. Je vous conseille de voir de la vidéo d'une conversation entre Fly Rider et Drouet. Un grand moment d'Histoire. Le premier annonçant au second que grâce au pacte de Marrakech 480 millions de migrants allaient se déverser en Europe, second qui l'écoute concerné et concentré (Ah son visage est à encadrer à ce moment-là, il doit forcer pour faire sortir du jus de cerveau. PS : aucune tolérance pour les intolérants factieux et violents) et dire : « *c'est chaud, c'est chaud chaud chaud.* » Ce serait à se tordre de rire si ce n'était grave et si la presse ne continuait pas à leur donner la parole, et si les gilets jaunes ne se révoltaient pas en masse pour désavouer ces deux pantins. La presse qui tout en prenant quelques distances continue à diffuser ses messages, c'est ainsi que le 2 janvier 2019 on apprend par le *NouvelObs* ceci de terrifiant :

"Beaucoup de gens dans ce mouvement sont prêts à perdre la vie pour que notre futur soit meilleur. Des gens préparent un soulèvement national avec des armes."

"Il y a des gens qui se préparent à être beaucoup moins pacifiques, voire plus du tout être pacifiques", ajoute "Fly Rider".

Maxime Nicolle, qui fait un parallèle douteux avec la révolution en Ukraine - il dit avoir visionné un documentaire de Netflix intitulé "Winter on Fire" -, se lance ensuite dans une longue tirade pour interpeller le président de la République :

"Manu, il y a des gens qui ne lâcheront pas, ils ne veulent plus être pacifistes car ils ont vu que tu as envoyé des flics taper leurs gosses, leurs grands-mères, leurs grands-pères, leurs frères, leurs sœurs... des flics qui ont tué des gens (sic). » Vous avez bien lu. Il appelle indirectement la population à pendre les armes et accuse ouvertement le président d'avoir envoyé la police **taper** les enfants et les accuse, ces mêmes flics, d'avoir tué des gens ! **tué des gens** ! Cela ne vous fait-il pas réfléchir profondément sur ce mouvement ?

Parmi la myriade des porte-parole (car il y en a des nationaux, des régionaux, des départementaux) voici un au profil intéressant : Julien Terrier, l'organisateur des mouvements dans le Dauphiné. Ancien militaire, reconverti dans le bâtiment, anti taxes, il aime l'airsoft (paintball avec des répliques d'armes à feu. Oui cela existe ceux qui veulent faire la guerre avec des jouets et qui donnent bien l'impression de tirer puisque la peinture vient marquer le tir.) Après les attentats du 13 novembre 2015, on voit que l'armée lui manque : « *Dégageons ce gouvernement de lâche et occupons-nous de la sécurité de nos familles et de notre pays* ». Comme Fly Rider, il aime aussi les complotistes relayant de l'un de leur site les « dix bonnes raisons de faire à nouveau la Révolution ». Faire la Révolution, mais celle de 1793, la terreur là aussi. On commence à voir comment se dessine la composition des porte-voix des gilets jaunes : droite dure, extrême droite, complotistes. Il a été arrêté deux fois pour organisation de manifestation illégale.

Les porte-parole sont si nombreux que l'on ne sait où donner de la tête. Parfois ils émergent puis disparaissent. Un exemple parmi d'autres, le forgeron Christophe Chalençon présenté par *Le Dauphiné libéré* comme un porte-parole, mais plus ou moins contredit par *La Provence du* 14 novembre 2018 : « *porte-parole improvisé et très médiatique [...] À la suite d'une réunion qui s'est tenue en fin de semaine dernière à Bollène, Cyril Navarro-Diaz et Shirelle David, deux membres du collectif local, déplorent par exemple que ce dernier (Christophe Chalençon, ndlr) ait "accaparé la parole pendant un long moment pour tenir un discours très engagé faisant fuir une partie des personnes présentes dans la salle"*. Aujourd'hui, ils disent se désolidariser *"d'un personnage"* qu'ils estiment proche de l'extrême droite *"et qui profite de toutes les réunions pour tenir un discours sectaire. Il dit parler en notre nom à tous mais c'est faux"* ». Ce gentil démocrate qui demandait le 3 décembre dernier une reprise en main en quelque sorte militaire en remplaçant le Premier Ministre actuel par un général démissionnaire : « *Moi, je verrais bien un général de Villiers à la tête du gouvernement. Il a servi la France de gauche ou de droite. Aujourd'hui, c'est un homme de poigne qu'il faut à la tête du gouvernement.* » en rajoute une couche le 27 décembre avec cette déclaration, toujours au nom des gilets jaunes : « *J'en appelle à monsieur Macron, ou s'il ne veut pas plier, aux militaires. Aujourd'hui c'est aux militaires d'entrer en jeu pour permettre la mise en place de ce gouvernement.* » Il demande une seconde fois (peut-être plus) un coup d'état militaire. Je ne sais si la justice doit se saisir de ce genre de déclaration. Un factieux qui demande l'intervention de l'armée pour renverser le pouvoir est-ce punissable par la loi ? Et ceci l'est-ce aussi tout comme peut-on continuer à donner la parole à un tel personnage ? Dans une vidéo de la télévision italienne *Piazza pulita* avec caméra abaissée, voici ses propos surréalistes : « Je sais que je risque beaucoup. Je peux me prendre une balle dans la tête à n'importe quel moment. Mais j'irai au bout de mes convictions, parce que s'ils me mettent une balle dans la tête, Macron il sera passé à la guillotine » suivi de « On est arrivé à un tel point de confrontation, que s'ils m'abattent, il est mort aussi. Parce que le peuple il rentre dans l'Elysée et il démonte tout [...] On est plusieurs comme ça. S'ils en touchent un, on a des paramilitaires qui sont prêts à intervenir parce qu'ils veulent aussi faire tomber le pouvoir »

Il y a donc aussi Marine Charrette-Labadie qui est l'organisatrice des actions menées à Brive (Corrèze). Elle a créé la page Facebook de l'événement local du 17 novembre et déclaré officiellement la manifestation à la préfecture. Serveuse à Brive, Marine Charrette-Labadie a eu le déclic en observant sa propre situation : habitant à 25 kilomètres de son lieu de travail, la jeune femme dépense 200 € en carburant par mois pour aller travailler. Elle a été vertement critiquée par des gilets jaunes ne la trouvant pas assez charismatique. Ils sont si fraternels ces gilets jaunes, n'est-ce pas ? Elle n'aura pas eu à s'en soucier trop longtemps de son poste puisque le 29 le porte-parolat s'est dissout.

Venons en au syndicaliste : Jason Herbert. il est chargé de communication à la médiathèque *L'Alpha* du Grand Angoulême, et également conseiller prud'hommal depuis janvier 2018. Il a travaillé pour le journal *La Charente Libre* pendant deux ans, de 2012 à 2014. Il a adhéré en 2016 à la CFDT et intégré dans la foulée le conseil national des journalistes. Il a pris position contre les blocages et la violence et a appelé à entrer en négociation. Et pour cela il faut l'en féliciter.

Il y a aussi Jacline Mouraud, la star qui apparaît, disparaît, enfin jamais bien longtemps d'autant qu'elle a des pouvoirs. Des vidéos, de femme en colère, diffusant de fausses informations, de celles qui plaisent (carte grise pour les vélo par exemple, Edouard Philippe qui refuse de signer les autorisations de manifester, trottinettes du gouvernement etc.), avec un succès indéniable avec sa vidéo assassine contre le pouvoir (6 millions de vues je crois). Elle est « en même temps » auteur-compositeur (elle l'écrit elle-même ainsi, merci de ne pas taper), accordéoniste musette, hypno-thérapeuthe et agent(e ?) de sécurité incendie pour les *fins de mois difficiles*. Elle sera aussi peut-être candidate aux élections européennes et veut créer un nouveau parti. Pourquoi pas après tout ? Élue elle pourra peut-être vérifier si les chemtrails existent, un peu de complotisme sur les bords pour elle aussi. Ah oui, au fait, elle dépense trop en carburant ? Comme le lui a répondu Pascal Canfin, directeur de WWF - un des rares à ne pas fustiger les taxes sur le pétrole en pointant, avec justesse, que c'est le problème d'une part des véhicules consommant beaucoup et d'autre part des plus fragiles -, son 4X4 de dix ans (10 000 € selon elle à *Marianne*) elle peut le changer pour une petite voiture, ou une voiture qui consomme moins, et avec les 4 000 € de la prime d'état elle peut même s'en acheter une d'occasion, d'autant qu'il semble qu'elle ne manque pas de moyens financiers. En effet on sait qu'en 2013, elle proposait 280 euros un « stage d'ectoplasmie » d'un jour et demi, avec des séances d'hypnose au programme. L'ectoplasmie, est une technique employée par des médiums (sic) pour entrer en contact avec les morts. Avec ça on est certains que les gilets jaunes sont bien représentés, si en plus ils ont l'appui des ectoplasmes ! Sans doute est-elle une réincarnation, elle, la *Bretonne guidant le peuple*. Il ne reste qu'à trouver un Delacroix moderne pour la peindre, mais non sein à l'air, #MeToo veille.

Il reste à   parler de Priscillia Ludosky. Elle est une des figures les plus connues de ce mouvement. Elle a 32 ans, habite Savigny-le-Temple en Seine-et-Marne, a passé onze ans dans la banque (BNP Paribas) puis a créé sa propre activité dans l'aromathérapie (dans les essences en somme, comme quoi tout est lié !). Fin mai elle lance une pétition sur le site change.org pour *« une baisse des prix des carburants à la pompe »*. Restée bloquée sous le millier de signatures jusqu'en octobre, la pétition est reprise par Éric Drouet sur son compte Facebook pour lancer la mobilisation. Cette pétition a atteint le million de signatures. On voit que l'accélération des signatures vient de son exposition démultipliée par les media une fois que ceux-ci en ont parlé et qu'ils ont glorifié et mis en avant Eric Drouet. La chronologie le prouve : de mai à début novembre, soit 5 mois moins d'un millier de signatures, un mois un million. Merci qui ? Et maintenant qu'elle est connue, elle ordonne. Voici, lors de l'acte VII une déclaration de ses exigences (pourquoi se priver ?) : *« Ce qui ressort de toutes les personnes qui ont quelque chose à dire, c'est qu'on veut retrouver du pouvoir d'achat et avoir notre mot à dire dans les décisions »* *« On veut un référendum sur la mise en place du RIC, la baisse des taxes sur les produits de première nécessité et la baisse des rentes du gouvernement. C'est à la population de décider. »* Elle est mignonne la petite en disant : « on veut ». Et donc selon elle, seules les personnes qui disent comme elle ont quelque chose à dire ? Et ses chevilles, ça va ? Permettez-moi de lui dire que le peuple dont elle se réclame décide déjà par les élections selon une constitution voulue par lui. Que les produits de première nécessité sont déjà taxés de façon très modérée à

5,5 % (alimentaires, cantine, aide à la personne, abonnement au gaz et à l'électricité, livres etc.). Il existe même un taux super réduit (2,1 %) par exemple pour les médicaments remboursés par la Sécurité sociale. Quant au RIC, il existe déjà le RIP (même s'il faut en modifier les modalités pour que ce ne soit pas que des mots dans la Constitution). Comme on le voit c'est la course à l'échalote dans la démagogie entre les porte-parole des gilets jaunes et les politiques qui s'en servent.

En dehors ces porte-parole, éphémère ou non, régionaux ou nationaux, il y en a une autre mini personnalité dont il faut parler : Etienne Chouard, celui qui a été encensé par le héros du fiasco des nuits debout, Ruffin, l'insoumis. Donnons lui d'abord la parole car le soutien de Ruffin à cet enseignant en économie (ce qui est une des questions : comment peut-il enseigner alors que c'est un idéologue ?) a fait ruer certains dans les brancards et ressortir ses amitiés antérieures : *« On m'accuse publiquement sans me donner la parole* [dit-il alors qu'on lui donne la parole. Du Le Pen dans le texte.]. *J'ai prononcé des millions de phrases et vous m'attaquez en boucle sur trois phrases ! [...] c'est cousu de fil blanc. Vous m'associez au référendum d'initiative citoyenne et vous me cognez dessus pour décrédibiliser l'initiative ».* La fin de la seconde phrase est typique de la mauvaise foi, du genre d'argument qui dit : comme par hasard ou comme Nicolle qui déclare que l'attentat de Strasbourg est au bénéfice du pouvoir, si ce n'est organisé par lui, pour détourner l'attention des gilets jaunes. C'est un argument gros comme un cordage de trois mats, mais, malheureusement très efficace. Chouard n'est pas l'inventeur du référendum populaire, cela s'appelle la votation en Suisse et cela existe depuis des décennies alors le complotiste anti traité européen, n'en est en rien l'inventeur. Il a eu son son rôle dans la défense de son intérêt. C'est tout. On ne l'attaque pas pour dévaloriser ce fameux RIC (petit rappel le référendum d'initiative populaire existe déjà plus ou moins dans la constitution, plus ou moins car ses modalités le rendent peu applicable sinon inapplicable) mais par ce qu'il est et parce que Ruffin l'a mis sur le devant de la scène. Il faut savoir qu'il a abondamment participé à la fausse théorie, qu'il déclare aujourd'hui comme erronée, ne changeant en rien ses conclusions - ce qui prouve sa profonde honnêteté intellectuelle - de la loi « Pompidou-Giscard-Rothschild » de 1973 qui aurait créé la dette française. Cette théorie fait fleures dans les commentaires des amis de Poutine dans les commentaires de *Marianne* (qui en a un bon réservoir), *du Monde*, de *Libération* ou encore du *NouvelObs*. Chouard et nombre de ses affidés, cousins politiques tournent autour des mêmes comme le complotiste anti Europe Asselineau qui, s'il ne fait pas plus de 1 %, ce n'est pas parce qu'il n'est pas majoritaire en France (il faut lire les commentaires de ses fans, ils valent un paquet de cacahuètes) chaque fois qu'il se présente, mais à cause de la presse vendue et du pouvoir qui triche, Nigel Farage, le *remarquable résistant à la tyrannie mondialiste*, selon lui, (celui dont les amis sont poursuivis par l'Europe pour avoir par des associations amies détourné la destination des fonds qui leur étaient alloués normalement destinés à promouvoir l'Europe alors qu'ils ont financé des théories anti-européennes et aidé financièrement les Brexiters), celui qui s'est barré une fois le Brexit voté, le remarquable résistant qui s'enfuit comme un couard, Thierry Meyssan, celui qui nie qu'un avion s'est écrasé contre le Pentagone, qui accuse le gouvernement américain d'avoir initié et financé les attentats du 11 septembre, tout comme l'Américain Paul Craig Roberts qui a notamment accusé le gouvernement américain d'avoir orchestré l'attentat contre la rédaction de *Charlie Hebdo* en 2015 dont Chouard diffuse les théories. Cela ne vous étonnera pas qu'il ait rencontré Nicolle : attentat de Strasbourg, du 11 septembre, de *Charlie Hebdo* : tous organisés par le pouvoir. Cela ne vous étonnera pas non plus que son organe de presse favori soit *Russia Today*, financé directement par le pouvoir russe, cette Russie dirigé par un ancien du FSB qui n'hésite pas à envahir les territoires (Ukraine, Abkhazie, Ossétie, Georgie), faire descendre un avion de ligne, fait empoisonner des opposants à l'étranger, massacrer des Tchétchènes, et des enfants. Il est vrai que ses défenseurs disent qu'il ne fait que se protéger contre les envahisseurs, l'Otan qui encercle son pays. Cet argument m'a toujours fasciné, et encore plus fasciné quand aucun journaliste ne sait quoi répondre à cette ineptie, record du monde de l'enfumage, et un enfumage qui a un autre record celui d'être cru par une majorité de personnes qui sont pourtant allés au lycée et ont étudié la géographie en classe. Je conseille à tous de prendre une carte du monde, d'y repérer les pays de l'Otan, ou alliés de l'Otan, de bien marquer leur frontière avec la Russie et de faire un petit calcul. La distance en commun de ces diverses frontières représentent moins de 5 % de la totalité de la frontière russe. Moins de 5 % ! Et ce canular est cru par une majorité de personnes. Un simple regard et on se rend compte de la totale absurdité de cet argument qui sert à justifier la volonté expansionniste et de déstabilisation du Csar Poutine qui a du sang sur les mains jusqu'au coude. Vous iriez dans une maternelle, vous prendriez 21 enfants, vous direz à 20 d'entre eux de faire une ronde en se tenant par la main et vous demanderiez au dernier d'encercler les 20 autres. Demandez alors à tous les enfants (de cinq ans) ce qu'ils en pensent. Ma foi, ils riront de bon cœur, car eux ne sont pas aveuglés par un anti-américanisme viscéral et aveuglant. Un autre rappel : la Russie bien que le plus grand territoire au monde d'un seul pays, bien que sans doute celui qui a les plus grandes réserves de matières premières au monde, n'a qu'un petit PIB, inférieur à celui de l'Italie. Ceci pour remettre en perspective le soi-disant énorme risque que l'Europe prendrait avec ses sanctions contre un pays à tendance hégémonique et déstabilisatrice du monde occidental, qui ne respecte aucunement la démocratie et que Chouard adore. Rappelons aussi, puisque nous parlons de ces pays-là, et de démocratie, et de liberté de manifester, que ce pays admiré par Mélenchon, le Venezuela est responsable de la mort de plus de 110 manifestants pour un peuple de 30 millions d'habitants, qui a fait tirer à balles réelles sur une foule venue récupérer de l'aide alimentaire, un pays gouvernés par les amis idéologiques de Mélenchon et Ruffin. On va terminer par les propos modérés de Chouard en défense de son pote Asselineau : « *C'est pas des journalistes, c'est juste des traîtres, comme les kapos au moment de la guerre. Les kapos, c'étaient des juifs qui acceptaient de maltraiter leurs frères juifs pour être moins maltraités. [...] Eh ben les journalistes qui cachent Asselineau, qui le taisent, qui ne lui donnent pas la parole, c'est comme des kapos.* [Ce sont] *des gens qui font le jeu du système de domination en cachant le seul vrai résistant.* »

Puisque Chouard est un parrain, relevons que l'escroc Tapie, condamné à rembourser 450 millions d'euros en attendant son procès personnel, Tapie qui depuis qu'il a été ministre se bat bec et ongles pour ne pas payer 50 millions d'arriérés d'impôts (cela fait beau dans le décor de ceux qui nous parlent d'injustice fiscale, de ceux qui veulent faire perdre 5 milliards par jour aux riches, Tapie étant le symbole de la pauvreté et de la droiture fiscale) en est un autre - il y a eu du reste quelques hoquets quand il a été interrogés par Léa Salamé qui en un quart d'heure n'a pas trouvé le moyen ni même temps de lui parler de ces 450 millions -, avec Alexandre Jardin (de tous les combats) ou encore le ménestrel Francis Lalanne. Philippot, lui, il a déposé la marque des gilets jaunes et leur propose une association pour les élections européennes.

Comme on vient de le voir, vouloir considérer ce mouvement comme essentiellement pacifique est une vue de l'esprit, un rêve. De par sa structure composite, de par son essence (la colère), de par ses parrains (Chouard, Le Pen, Mélenchon celui qui est intouchable mais bouscule les magistrats et refuse de se plier à la justice etc.), de par ses actions (blocage), de par la haine de nombre d'entre eux contre les riches, de par leurs leaders comme le complotiste Nicolle ou comme le camionneur Drouet qui veut que « cela pète chaque week-end » et qui va à la première manifestation avec un masque à gaz en poche, à la 7è avec une matraque et appelle à aller manifester (comme dans une guérilla) d'abord à un endroit (fixer les forces de l'ordre) pour au dernier moment donner rendez-vous à Montmartre où on chante du Dieudonné en faisant *la quenelle*, de tous ces raisons ce mouvement est par constitution violent. Même le blocage sans heurts est de la violence. Il l'est parce qu'il viole la loi, il l'est parce qu'il prive de liberté des citoyens. Il l'est parce qu'il en impose à ceux qui ne sont pas d'accord. Mais ces blocages ont été pour nombre d'entre eux violents. Il y a eu des incidents dans toutes les villes avec une violence inouïe à Paris (rappelons que 90 % des interpellés étaient des gilets jaunes), à Nantes, Saint-Etienne, Bordeaux, Toulouse. Le triste sommet a été l'incendie volontaire de la préfecture du Puy-en-Velay avec du personnel dedans et le blocage des pompiers pour leur interdire le passage. Il y a eu environ 1 500 blessés civils (dont on ne sait quelle est la proportion due à l'action de la police et celle où elle n'est pas en cause), 1 000 du côté des policiers et gendarmes. Il y a eu des blessés graves (on parle de personnes éborgnées, une main arrachée en ramassant une grenade). Les forces de l'ordre, étant protégées, pour qu'il y ait eu des blessés de leur côté il faut qu'il y a eu une violence démesurée. Il y a eu dix morts. Une personne âgée est morte après qu'un fumigène est entré chez elle et qu'elle a été opérée. Elle est morte lors de l'opération. Les neufs autres morts ont eu lieu aux points de blocage. Le premier est une femme, gilets jaunes (certains journaux font comme si les 10 morts étaient des gilets jaunes alors qu'il n'y en a qu'une, la première victime). Cette première victime est évidemment de la responsabilité de l'automobiliste qui lui a foncé dessus. En revanche on ne peut pas passer à côté des circonstances qui sont qu'elle était paniquée par les attaques des gilets jaunes contre sa voiture (coups sur le toit et le capot parce qu'elle voulait passer) et quelle devait emmener sa fille chez le médecin. Sans la nécessité du médecin et sans l'agressivité des gilets jaunes qui l'entouraient, il n'y aurait pas eu d'accident. Il est impossible de dédouaner les gilets jaunes brutaux qui l'ont affolée. Le fait des blocages est un fait générateur d'accident même si ce n'est pas voulu c'est une conséquence obligatoire. Il y a parfois les circonstances, un camion arrêté feux éteints, il y a aussi l'exaspération et les nécessités (un camion qui doit livrer et dont le chauffeur s'énerve et veut passer). Cette exaspération est responsable d'au moins trois morts. Une camionnette qui débouche pour passer et un motard qui arrive et ne peut l'éviter. Deux autres camionneurs qui veulent passer et qui percutent une personne. Cette responsabilité est si évidente que pour la dixième personne qui est morte, certains gilets jaunes présents ont fui. À la responsabilité s'est ajouté la lâcheté. On ne parle plus d'une personne qui était en urgence absolue et dans le coma, un personne dont la responsabilité des gilets jaunes est totale, lorsque une grille descellée des Tuileries lui est tombée dessus, en en blessant d'autres avec lui.

Voici ce qu'en pense Nadia Bègue qui a perdu son fils dans un accident du 2 décembre 2018 sur un barrage près d'Arles (*Le JDD* du 17 février 2019) : *Comment tourner la page? Chaque gilet jaune que je vois, dans les médias ou sur les tableaux de bord des voitures, me renvoie à ce dimanche matin où j'ai appris la mort de mon fils de 27 ans, Thibaut. Ce 2 décembre, il rentrait du travail à 2h30 du matin. En arrivant sur un rond-point près d'Arles, où un barrage avait généré un énorme bouchon, il n'a pas pu éviter un camion stationné feux éteints, bâché en noir. Une voiture derrière l'a pris en sandwich. Mort sur le coup.*

Sa responsabilité n'est pas engagée dans l'accident. Sous les articles relatant sa mort, des commentaires de Gilets jaunes ont pourtant insinué qu'il avait dû boire, ou envoyer des SMS au volant. Jamais je n'ai eu droit au moindre mot de compassion. Ni remord, ni prise de conscience. Ils se dédouanent des conséquences de leurs actes. Leur responsabilité est diluée. Thibaut cumulait deux jobs, en agence d'intérim et comme commis pour un traiteur pour lequel il préparait des paëllas. Ce soir-là, il rentrait après une prestation. Il a laissé derrière lui un garçon de trois ans, une compagne, une famille... Le jour de l'acte 10, lors du défilé 'en mémoire des Gilets jaunes décédés', quand j'ai vu des manifestants souriants brandir un cercueil en carton noir portant la date de la mort de Thibaut, cela m'a mise hors de moi. Ce sont leurs actions qui l'ont tué. Ils se plaignent de la violence policière mais n'assument jamais la leur.

Je ne suis pas une nantie. Je suis au RSA, sans emploi. Ma situation pourrait me valoir d'être Gilet jaune, mais je sais la chance qu'on a de vivre en France. Je n'adhère pas et je ne cautionne rien dans leur façon d'agir. Je leur demande d'arrêter de parler pour moi. J'ai perdu mon fils. Mort pour une hausse de quelques centimes de l'essence. C'est une aberration.

Cette violence s'est exprimée bien sûr contre les forces de l'ordre. Un commissaire a été roué de coups entraînant la condamnation des autres gilets jaunes dont une membre du parti communiste. Et le comble c'est qu'ils ont été applaudis à la sortie du tribunal par leurs soutiens. Ceci n'est pas sans signification. Lors de l'audience, comme tous les lâches, ils ont voulu minimiser leur acte, mais - bis repetita placent - ils ont été applaudis. Casser du flic vaut applaudissement. 1793, en somme. 1793 nous ramène à l'effigie de Macron décapitée. Ce n'est pas la première fois que la guillotine est mise en avant dans des manifestations. Dans des pays au sang chaud on voit souvent des mannequins brûler (généralement représentant les USA). Le problème avec cette décapitation, si cela avait été à la guillotine, cela aurait été assez ignoble, mais là c'est au sabre. Il faut avoir un manque absolu de dignité et de simple bon sens, après l'attentat de Strasbourg, alors qu'il est impossible que les responsables de cet acte ignorent que la décapitation au sabre est la mise en scène filmée et préférée des terroristes islamistes. Il s'agit donc d'une circonstance aggravante.

Pour en revenir aux violences subies par la population et le pacifisme des gilets jaunes voici le témoignage d'une jeune CRS, blessée au cours des manifestations par un pavé (cinq jours d'arrêt : écrasement du quadriceps, brûlure au deuxième degré) :
« Quand on était en barrage, les gens passaient devant nous et crachaient à nos pieds. J'ai vu un mec nous expliquer qu'il était père de famille et pacifique. Deux minutes après, il nous jetait un pavé. Les gens deviennent fous. » « Il faut arrêter de pointer les flics du doigt. Les gens voient une vidéo sur Facebook, sans le contexte, et ils croient qu'ils sont experts du maintien de l'ordre. » « Ils nous visent avec des pavés, des mortiers, des cocktails Molotov... J'en ai vu un prendre les débris de la grille pour en faire un javelot et nous le jeter à la

tête. Ils veulent nous tuer. Et nous, on répond avec quoi ? Du gaz qui pique les yeux et des balles en caoutchouc. »

Les proches des gilets jaunes et nombre d'entre eux, vont dire que l'on cherche à les décrédibiliser par des actes isolés, qui ne les représentent pas. Sauf que c'est faux. Sauf que la vérité doit être dite. Les actes de violence ont été innombrables en commençant par toutes les manifestations illégales (calmes ou non comme déjà dit) par la nature même de son illégalité. Mettre 50 000 personnes au chômage est de la violence (peut-on même dire de la violence sociale chère à Mélenchon et Ruffin ?). Entraîner la destruction de produits périssables est de la violence. Empêcher par la pénurie de carburant des Français de circuler est de la violence. Et ne parlons pas de la violence pure et dure avec destruction, dégradation, blessures, insultes, slogans haineux etc. Il y a une violence insidieuse et durable. Celle due aux fausses informations et mensonges grossiers diffusés par les réseaux sociaux et même des tracts. On se souvient de ce fameux tract mensonger sur les droits de succession, les charges sociales, le paiement du médecin. En fin de cortège (post Acte VI), il y a eu cette nouvelle fausse information sur la suppression des allocations logement, tout simplement parce les revenus des personnes en cause avaient été augmentés et donc ces personnes changeant de catégorie ont eu, selon les règles, leurs allocations supprimées. Il est bon ici de revenir sur le cas d'Alexis Corbières (celui qui a été engagé dans la campagne de Mélenchon en tant qu'auto-entrepreneur - esclavage moderne disait ce dernier - pour éviter de payer des charges sociales) et de sa compagne (celle qui ne paye pas ses charges sociales d'avocat), tous deux députés, ont bénéficié des aides de l'ANAH car elles sont attribuées tenant compte des revenus de deux ans antérieurs, alors qu'avec leurs revenus de tous deux députés à l'instant de la demande ils n'y avaient pas droit. Ils savaient pertinemment qu'ils faisaient une entorse peu supportable à la morale, eux les donneurs de leçons, parce qu'avec leurs revenus cumulés ils avaient largement de quoi payer les travaux sans cette aide, et cette aide est donc prise sur le contingent des aides et va priver certaines personnes qui ont droit ou va coûter à la collectivité de façon totalement immorale. Si à l'avenir Corbières et sa compagne s'amusent à décrier les multinationales qui font de l'optimisation fiscale (celles qui respectent les lois et en profitent) il faudra leur faire remarquer qu'ils n'ont qu'à se taire car ils ont procédé de la même façon pour leur intérêt personnel bafouant leurs supposées convictions (si tant est qu'elles ne sont pas que des postures comme tendrait à la prouver ce fait peu glorieux qui s'ajoute à cela de leur ex-logement HLM).

En plus d'avoir des complotistes comme porte-parole (Jacline Mouraud, Nicolle) qui diffusent de fausses informations, comme le prouve le tract dont on a parlé, les réseaux sociaux des gilets jaunes sont un magnifique bouillon de culture de diffusion de mensonges. En voici quelques uns :
- une photo d'une manifestation de travailleurs frontaliers d'outre-Rhin de 2014 présentée comme celle des gilets jaunes (elle était calme et plus nombreuse que celle des gilets jaunes, alors pourquoi se priver), d'autres images de la finale de la coupe d'Europe de rugby diffusée en plein air à Clermont-

Ferrand ou celle de la manifestation parisienne après les attentats *Charlie Hebdo* (pourquoi pas, pendant qu'on y est ?).

- un syndicat de police aurait compté les manifestants et ils y auraient un million (syndicat de police ultra minoritaire de crédibilité 0 : « 100 % patriote, 100 % corporatiste, 100 % contestataire », dirigé par Michel Thooris, élu du Rassemblement national et ancien conseiller politique de Marine Le Pen), comptage (bidon) confirmé soi-disant par CNN qui en fait disait qu'ils attendaient 1 million et a donné le même chiffre de 280 000 manifestants (important de voir, comme déjà dit, que c'état un million attendu : à vous de conclure 280 000 pour un million attendu).
- un autre photo de 2016 d'un gendarme soutenant la manifestation de la police, portant une pancarte : *« Ne lâchez rien »*, présentée comme un soutien aux gilets jaunes
- une manifestante blessée à Barcelone, présentée comme étant une victime de la police de Castaner

Mais il y en a de plus graves. Il y a manifestement des détournements que l'on peut qualifier de criminels comme ce faux d'un courrier de l'Élysée dans lequel Macron demanderait d'user de la force si nécessaire, comme ce faux à partir du logo d'une association de la police voulant faire croire que la Police Nationale appellerait à manifester et soutenir les gilets jaunes, capture d'écran d'une intervention détournée, montrant Richard Lizurey, le directeur de la Gendarmerie nationale interrogé sur BFM/TV, en mars 2018 rendant hommage à l'officier Beltrame, et son bandeau doublement trafiqué : *« Les contrevenants sont prévenus »* en dessous le second bandeau, lui aussi contrefait, détaille les peines passibles pour ce délit. Voici ce que rapporte *L'Express* qui est symptomatique d'une volonté manifeste de faire augmenter le chaos, sachant en plus que la vérité sera noyée par le mensonge, c'est atterrant :

La vidéo, filmée dans les rues de Quimper samedi 17 novembre en marge des manifestations des gilets jaunes, a été retweetée plus de 3 800 fois sur Twitter et vue plus de 115 000 fois sur Facebook. L'auteur du compte @GiletsJaunesFr y affirme des "CRS s'en prennent à un handicapé en chaise roulante, ils tabassent son accompagnant, et ensuite s'en prennent à la personne qui filme la scène. "

Sauf que rien de cela n'est vrai, et le parquet de Quimper a annoncé mercredi avoir ouvert une enquête "pour diffusion de fausse nouvelle".

"Cette vidéo, c'est n'importe quoi"

Face à la viralité de la vidéo, la personne en fauteuil roulant a pris la parole. Il s'agit de Stéphane Le Bourdon, conseiller départemental du Finistère, a répondu mercredi matin aux questions de Ouest-France. "Cette vidéo, c'est n'importe quoi. Elle ne montre pas du tout ce qu'il s'est passé. Les CRS ne m'ont pas agressé, ils ont voulu au contraire me protéger."

"Les CRS ont réagi alors qu'ils étaient pris à partie par des jeunes agressifs qui ont voulu faire le buzz, a-t-il ajouté. Ils voulaient se filmer en train de se faire taper dessus. C'est écoeurant de se servir du handicap comme ça.

Il y a eu des violences contre les forces de ordre mais aussi contre les journalistes qui pourtant n'ont eu de cesse de les présenter sous un jour si sympathique. Voir parmi les nombreuses agressions quelques exemples dont il faut tirer des conclusions. Le samedi 22 décembre une rédactrice et une journaliste reporter d'images de France 2 Montpellier ont été violemment agressées par gilets jaunes près du péage de l'autoroute A9 du Boulou partiellement bloqué.

« Tout a basculé dans l'après-midi, quand les forces de l'ordre ont lancé des gaz lacrymogènes pour disperser les manifestants et qu'un mouvement de panique s'est emparé de la foule » *« Avec ma collègue, on a été prises à partie, pourchassées, frappées par une foule de manifestants qui nous a complètement encerclées » « Pluie d'insultes » « Vendues »,* *« vous ne faites que trafiquer la réalité »,* criaient avec rage *des « gilets jaunes »,* hommes et femmes confondus, d'après la rédactrice. Les deux journalistes disent avoir été *« sauvées »* par un *« gilet jaune »* qui s'est interposé et leur a permis de s'enfuir *« sous une pluie d'insultes »*. Elles ont porté plainte.

Comme vous le voyez c'est un groupe et non une ou deux personnes isolées. Ce sont des femmes et des hommes. C'est avec rage. Fraternité ? Il faut remarquer que dès qu'un gilet jaune sauve une personne du lynchage de la meute, on le prend pour un héros (c'est vrai que grâce à lui il y a sauvetage), alors que le plus important dans cette légende des media et qu'il est isolé en fait parmi la foule enragée et non un enragé parmi une foule pacifique.

Ce même jour dans la matinée à un point de blocage de l'autoroute A7 à Saint-Chamond (42), une équipe de BFMTV et une journaliste du *Progrès* ont aussi été prises à partie par des gilets jaunes. Le reporter et le cameraman de BFMTV, accompagnés par deux agents de sécurité, ont été ciblés par un groupe d'une vingtaine de personnes. Notez donc ici aussi qu'il s'agit d'un groupe d'une vingtaine de personnes. Ce site semble inspirer les violents puisqu'un couple de gilets jaunes s'en est pris à une journaliste du quotidien régional *La Tribune-Le Progrès* en bordure de l'A47, qui était coupée dans les deux sens par des incendies allumés sur la chaussée (C'est bon enfant, n'est-ce pas ? On coupe l'autoroute dans les deux sens, on met le feu et on danse). Doit-on citer Toulouse et ces cinq journalistes de CNEWS et BFMTV qui ont porté plainte fin novembre pour « violences aggravées », « menaces de mort », « tentative d'agression en réunion », rapportant avoir reçu des coups de pied, des crachats et avoir été poursuivis dans la rue ?

A Béziers deux journalistes du quotidien *Midi Libre* ont également déposé plainte pour dégradation de l'agence locale et des coups portés par des gilets jaunes sur l'un d'eux.

Un extrait d'un article du *NouvelObs* (en collaboration avec l'AFP) :
A Toulouse, les faits se sont déroulés à proximité de la place du Capitole, où les manifestants étaient rassemblés.
"Je suivais la manifestation au Capitole et je me suis fait courser", a raconté le journaliste de BFM-TV Jean-Wilfrid Forquès, qui a porté plainte avec son collègue reporter d'images Maxime Sounillac pour "tentative d'agression en réunion".
Sous l'injonction de deux gardes de sécurité qui l'accompagnent depuis une semaine, le journaliste de 53 ans a dû courir pour échapper à ses assaillants.
"C'était un véritable lynchage, et la cible c'était BFMTV", a-t-il déclaré, "ça a dégénéré dès qu'ils ont vu BFMTV sur le terrain".

Sur l'une des plaintes, le journaliste de C-News Jean-Luc Thomas raconte avoir subi l'assaut d'un groupe de 50 à 100 manifestants qui criaient "journalistes collabos" alors qu'il se trouvait avec "5 ou 6 journalistes".

"Au même moment, plusieurs personnes ont commencé à me donner des coups de pied et me pousser afin de me faire chuter", peut-on lire sur le procès-verbal de police.

Le reporter de CNews a raconté avoir reçu des coups de pied, des crachats, une bouteille d'eau en plein visage, avant d'être "coursé" dans une rue adjacente, sans toutefois être blessé.

Il a déclaré avoir porté plainte pour "violences aggravées lors d'une manifestation sur la voie publique". Les deux circonstances aggravantes sont selon lui : l'exercice de son métier de journaliste et d'une mission de service public.

[...]

Dans la semaine, des dizaines de journalistes avaient déjà dénoncé sur les réseaux sociaux des tensions dans le cadre de la couverture des rassemblements des "gilets jaunes".

"Le journaliste en a ras la plume, le micro ou la caméra de se faire malmener, insulter, conspuer", lançaient lundi huit journalistes montpellierains, réunis dans le collectif "Paye toi un journaliste", dans un communiqué appelant à "renouer le dialogue avec les citoyens".

Samedi dernier, à la sortie de Besançon, un photographe bénévole de la radio associative Bip a enduré des insultes racistes avant de recevoir un coup de poing au visage, a affirmé la radio dans un communiqué, précisant qu'une plainte avait été déposée lundi.

Ces agressions ont eu lieu fin novembre, au début du mouvement.

Il faut noter cette réflexion fort sympathique de celle qui est empêtrée dans deux affaires, celle de *Le Media* et celle de la campagne de Mélenchon, Chikirou : « *Je ne parviens pas à ressentir de compassion sincère pour ces journalistes. Leur niveau de corruption mentale, leurs mensonges et la désinformation qu'ils nous imposent, sont autant d'éléments qui justifient la colère.* » Sans commentaires.

Les journalistes si solidaires entre eux quand il s'agit de dénoncer la police ont peu réagi quand c'étaient les gilets jaunes en cause contre leurs membres, et surtout à propos de cette information peu répandue pourtant gravissime : Plusieurs éditions de journaux du groupe *Ouest-France* n'ont pas pu être diffusées, jeudi 27 décembre. Des manifestants ont bloqué des camions à la sortie d'une imprimerie du groupe en Loire-Atlantique, a affirmé la direction.

« *Dans la nuit de mercredi à jeudi, l'imprimerie du groupe Sipa Ouest-France à La Chevrolière, au sud de Nantes, en Loire-Atlantique, a été bloquée à partir de 23 h 30 par un groupe d'une vingtaine de personnes se réclamant des "gilets jaunes"* », (communiqué publié sur le site de Ouest-France). « *mécontents de la couverture du mouvement par nos titres, déplorant que certains "gilets jaunes" aient pu être taxés d'antisémitisme suite aux incidents survenus le week-end dernier à Paris* ». « *Plus de 180 000 exemplaires de* Ouest-France *(éditions de Vendée et de Loire-Atlantique), de* Presse Océan *et du* Courrier de l'Ouest *» n'ont pu être distribués. La direction a « déjà mandaté son avocat pour déposer plainte »* contre cette action qui, selon elle, « *porte gravement atteinte à la liberté de la presse et à la démocratie* ». Avec les gilets jaunes on est dans l'air où il faut tuer le messager si on n'est pas content du message. Ces démocrates s'arrogent le droit d'ordonner quelles informations doivent être publiées. Cette pression sur les media, qui a déjà lieu lors des manifestations, continue lors de l'acte VII comme à Bordeaux où une journaliste a dû être ex-filtrée traitée de collabo. Tout le monde sait ce que ce mot sous-tend : collaboration avec l'ennemi, l'envahisseur, et avec notre histoire cet envahisseur c'est l'Allemagne nazie. Le pouvoir est donc au minimum un ennemi, un envahisseur et les journalistes n'ont qu'un devoir - quand on sait combien les gilets jaunes ont droit à une parole permanente et débridée ce serait risible si ce n'était scandaleux et dangereux - celui de porter la parole évangélique de certains d'entre eux au nom de tous : fraternité, pacifisme, damnés de la terre, injustice fiscale etc. Des regroupements ont eu lieu devant divers sièges de media, histoire de montrer que les collabos étaient tenus à l'œil. Cela doit leur faire tout drôle aux journalistes (voici le savoureux mot de Philippe Boissonnat, adjoint au rédacteur en chef de *Ouest-France* et directeur des rédactions ne comprenant pas le blocage de la diffusion des éditions : « *dans les éditions de Loire-Atlantique, il y avait un papier qui donnait la parole aux "gilets jaunes", qui présentait quelques-uns heureux de la solidarité que cela pouvait créer entre eux* » On peut supposer que le « quelques-uns » seraient - le comble - parmi les bloqueurs !) quand ils encensent les gilets jaunes, leur donnent une importance sans commune mesure avec leur représentativité (non avec les dégâts qui eux sont considérables) et qui se voient mordre la main par ceux qu'ils ont nourris et choyés. Le 4 janvier 2019 des gilets jaunes ont voulu bloquer le centre d'impression de *L'Est Républicain*, du *Républicain Lorrain* et de *Vosges Matin*. Quel écho dans la presse ? Quelle solidarité de la presse ? Quelle défense pour la liberté de la presse ?

Voici in extenso une brève du 17 décembre 2018 *du Figaro* :

Un "gilet jaune" qui avait renversé des manifestants avec sa voiture sur un barrage et tiré en l'air a été condamné lundi à Valence à 18 mois d'emprisonnement dont 8 ferme, a indiqué le parquet. Le tribunal l'a également condamné à une interdiction de détenir et porter des armes pendant cinq ans et à six mois de suspension de permis de conduire, selon la même source.

Les faits s'étaient déroulés le soir du 18 novembre à Livron-sur-Drôme alors qu'un barrage était tenu sur le pont de la commune. Agé de 27 ans, l'homme, en état d'ébriété, avait été évincé de son groupe de "gilets jaunes" en raison de son comportement agressif. Il était ensuite revenu à bord de son véhicule et avait sorti successivement deux armes (un fusil et une arme de poing) puis avait fait feu en l'air, avait alors expliqué une source proche du dossier.

Pris à partie par la foule, l'homme avait ensuite reculé avec sa voiture et renversé deux personnes dont l'une avait été légèrement blessée. Sorti de son véhicule, il avait été molesté par des manifestants et sa voiture incendiée, selon la même source. Il avait été interpellé le soir même et placé en garde à vue.

Pourquoi donc en parler ? Pour deux raisons. La première c'est qu'il s'agit au départ d'un homme en état d'ébriété qui tire en l'air et renverse deux personnes en en blessant une légèrement et qu'ensuite la foule se fait justice elle-même, le sortant de sa voiture (cela a donc dû se faire sans douceur), le molestant (on pense à Benalla, va-t-on en faire autant pour ces gilets jaunes ?) et surtout, surtout, incendiant sa voiture ! Ils ont incendié sa voiture, et le gars qui a légèrement blessé une personne, mérite, pour avoir tiré avec des armes dangereuses, même si c'est en l'air, d'avoir été assez lourdement condamné. Et les gilets jaunes qui se sont fait justice eux-mêmes ? Et ceux qui ont incendié la voiture ? Qu'en est-il ? Sont-ils recherchés ? Poursuivis ? Condamnés ? Doit-on en conclure que les gilets jaunes ont le droit de bloquer illégalement les routes et de se faire aussi justice eux-mêmes ?

Nantes, Bordeaux, Toulouse, Valence, Bézier, Besançon, Saint-Chamond, Lyon, Saint-Etienne, le Puy-en-Velay, Reims, Metz, Lille … que faut-il d'autre pour convaincre de la violence générale de ce mouvement ? Et depuis le début. Y a-t-il une ville de moyenne ou grande importance qui ait été épargnée ?

Une des techniques des supporters des gilets jaunes et de tenter de faire un transfert de violence des gilets jaunes sur la police ou la gendarmerie. Il y a plusieurs techniques. Une d'elle est la justification comme le fait Chikirou puis tous les défenseurs de la violence sociale qui excuse la violence dans la rue. Il est du reste remarquable que les mêmes qui excusent des violences extrêmes (mettre le feu à la préfecture du Puy-en-Velay) trouvent absolument inadmissible de faire mettre à genoux des casseurs juvéniles à Mante-la-Julie. Bon Ségolène Royal, a été une des rares à remettre les choses en place : Grand Rendez-vous *Europe 1 - Les Échos - CNews* du 9 décembre 2018 *« Disons qu'au début les images m'ont surprise, comme tout un chacun. [...] Et puis après j'ai regardé ce qu'il s'était passé »* « *Ça ne leur a pas fait de mal à ces jeunes de savoir ce que c'est que le maintien de l'ordre (ou) se tenir tranquille. Voilà. Ça leur fera un souvenir. Et vraiment, c'est pas mal pour leur redonner le sens des réalités. En tout cas ça n'a pas été fait avec une quelconque atteinte aux procédures judiciaire et juridique* ». « *Grâce à ça des victimes ont peut-être été protégée*». S'il y a de la violence policière, ce que l'on ne veut pas faire avec les gilets jaunes dont on la minimise, on maximalise celle des forces de l'ordre. L'une est excusée et expliquée l'autre n'a le droit à aucun contexte. Plus, on ment, on exagère. Vous avez lu le témoignage de cette jeune CRS blessée par un pavé qui était sur le pont depuis deux heures du matin jusqu'au soir, après des semaines épuisantes physiquement et une tension morale des plus élevées. *Le Point* a enquêté sur cette fameuse histoire des jeunes à genoux et ou les mains sur la tête. On est assez loin de ce qui a été dit, et le contexte explique ce qui s'est passé. Mais avec les indignations éruptives et l'absence totale de mesure, alors que d'un côté il n'y a pas d'indignation d'une effigie décapitée, on parle d'une humiliation traumatisante et certains vont jusqu'à comparer aux prisonniers de guerre sous-entendant parfois les rafles et surtout faisant une comparaison inepte dans le sens où ni leur arrestation n'a été violente, ni la suite n'a aucune comparaison (il ne seront pas envoyés dans des camps ni de prisonniers, ni de la mort, ne seront pas torturés). Cette outrance des éruptifs, malheureusement gagne à tous les coups. Foin du contexte, foin de la véracité des faits. On a même vu un juriste célébré sur les réseaux sociaux confondre arrestation et garde-à-vue, indiquant que la garde-à-vue devait être individualisée, et que donc tous étant arrêtés sans distinction, il n'y avait pas d'individualisation, mais ils n'étaient pas en garde-à-vue qui est l'étape ultérieure. Donc on joue du violon, d'un aspect de loi pour dire que c'est, en plus d'être ignominieux, illégal. L'enquête du *Point* est éclairante, appuyée par un reporter local qui, en plus a des preuves photographiques notamment de durée. On a parlé de conditions inhumaines avec des adolescents sur les genoux pendant trois à cinq heures. Outre le fait qu'ils furent rapidement assis cela n'a duré pas une heure. Voici un long extrait éclairant du contexte, tout ayant commencé 3 jours avant :

Le lundi 3 décembre, à la suite de jets de pierres sur des policiers près du lycée Saint-Exupéry, deux mineurs sont interpellés et placés en garde à vue. Le mardi 4, alors que 200 jeunes bloquent le lycée Jean-Rostand avec des poubelles qui servent de brasiers, les effectifs de la compagnie de sécurisation et d'intervention (CSI) sont l'objet de tirs de « projectiles en tout genre ». « À plusieurs reprises, les fonctionnaires de police étaient obligés de reculer suite aux charges successives des lycéens », écrivent les policiers, qui parlent de « scène d'émeute » justifiant l'usage de « moyens de maintien de l'ordre » à de multiples reprises (sans préciser de quels moyens il s'agit). Aucune interpellation n'est possible ce jour-là.

Le lendemain, mercredi 5 décembre, la violence est montée d'un cran. Aux abords du lycée Rostand, dès 8 h 20, « une quarantaine d'individus cagoulés munis de bâtons et d'engins incendiaires » occupent la rue et constituent des barricades de poubelles destinées à être brûlées, dixit les policiers. On peut alors croiser, d'après nos informations, des jeunes d'environ 15 ans se promenant devant le lycée polyvalent avec pieds-de-biche et barres de fer à la main. Le grand jeu des casseurs et des spectateurs enthousiastes consiste à poster des vidéos sur Snapchat des incendies ou autres dégâts causés sur la voie publique. « Un petit groupe de jeunes voulait vraiment s'amuser avec les flics, pour eux, c'était un jeu, les autres étaient spectateurs », relate un témoin.

« Au cours de la matinée [...], plusieurs jeunes pénétraient dans un pavillon et récupéraient des bouteilles de gaz qu'ils jetaient dans les brasiers », rapporte le PV. Un journaliste du Courrier de Mantes, Renaud Vilafranca, présent depuis le premier jour des échauffourées, confirme la version policière. « C'était extrêmement violent, des manifestants surexcités lançaient des pierres, des bouteilles de verre, des cocktails Molotov sur les fonctionnaires tout en les insultant », nous raconte-t-il. Dans l'édition du 5 décembre, il décrit avec force détails le déroulement des faits : « Un automobiliste est pris à partie par les casseurs. Ces adolescents, dont certains semblent âgés d'à peine 13 ans, entrent dans les jardins pour récupérer des projectiles et dégrader des véhicules. Un portail est arraché, des voitures en stationnement piétinées. Vers 10 heures, les manifestants, plus remontés que jamais, jettent des bouteilles de gaz dans le brasier. [...] Aujourd'hui, vous allez cramer ! » clame une voix juvénile. [...] 10 h 30, nouveau geste inconscient des émeutiers les plus virulents : ils déversent de l'essence sur les flammes. » Des bouteilles de gaz menacent d'exploser sur les barricades. Les fonctionnaires, en tenue antiémeute, répliquent alors par des tirs de grenades lacrymogènes et de balles de défense (une version améliorée du

Flash-Ball) pour faire reculer les émeutiers qui empêchaient les pompiers d'intervenir. Une dizaine de bouteilles de gaz ont été récupérées par les pompiers et cinq mineurs interpellés par la police. Vers 11 heures, les violences finissent par se propager dans la cité du Val Fourré.

« Un groupe de jeunes dansait autour du véhicule (en flammes) »

Le lendemain matin, jeudi 6 décembre, alors que les casseurs ont pris le dessus sur le mouvement lycéen et occupent les abords des deux établissements, Jean-Rostand et Saint-Exupéry, les policiers sont alertés que des jeunes venant de Vernon (Eure) débarqueraient sur Mantes pour prêter main-forte aux casseurs. À 8 h 45, on signale aux policiers un feu de poubelle et des jeunes en train d'escalader les clôtures de propriétés dans le même quartier que la veille. À 9 h 23, on signale aux fonctionnaires que des jeunes seraient en train de préparer « des mélanges dans des bouteilles ». Des poubelles servant de barricades commencent à s'embraser.

Alors que les manifestants sont repoussés en direction de la patinoire de Mantes, à l'entrée du Val Fourré, « des voitures sont retournées, saccagées, incendiées », constate le journaliste local Renaud Vilafranca. Un automobiliste est même agressé avant d'être détroussé. À 10 heures, la police comptabilise 250 individus entre la patinoire et le lycée Saint-Exupéry. Un véhicule est retourné et incendié peu avant 11 heures dans une rue voisine. « Un groupe de jeunes dansait autour du véhicule », note la police.

Vers 11 h 30, une trentaine de policiers de la brigade spécialisée de terrain (BST), en tenue antiémeute, se positionnent à environ 200 mètres d'un groupe de 150 jeunes *dont une majorité a été repérée par la police avec des « engins incendiaires ». « Ces derniers, relate le Courrier de Mantes, n'hésitent pas à venir au contact pour lancer des projectiles : barres de fer, cailloux, bouteilles. » L'un d'eux est même aperçu en train de brandir un poteau de signalisation sens interdit.*

Et ceci : *« Y'a des mômes qui sont entrés dans mon local, les flics sont venus me les prendre, il ne s'est rien passé d'autre ! » nous répond, exaspérée, Joëlle Demilly, la responsable des Restos du cœur. L'interpellation a-t-elle été musclée ? « Non, ça n'a pas été violent, j'ai juste trouvé humiliant la façon dont on a traité les mômes. »*

Et enfin ceci où l'on voit que le journaliste de *Libération* parle de 3 heures alors qu'il n'était pas là au début et qu'une photo du localier prouve que les adolescents étaient assis au bout de trois quarts d'heure. Tous les témoignages parlent du calme et de la non violence de la police contrairement à celle d'une partie des jeunes, violence extrême. Voilà pour les faits en réponse à l'indignation éruptive et sans recul :
C'est vrai qu'on a pu entendre des "Regarde devant toi !" sur un ton sec, mais je n'ai pas vu une seule matraque en l'air. La scène s'est déroulée dans le calme, les jeunes ont obtempéré, sauf un qui, menotté, a tenté de s'enfuir », affirme Renaud Vilafranca, seul journaliste présent dès le début de l'opération, avant d'être rejoint par l'AFP et Mantes Actu. « Les policiers ont placé les jeunes par catégorie, explique Aboubakry N'Diaye, rédacteur en chef du blog Mantes Actu, qui maintient que les jeunes sont restés agenouillés pendant trois heures. Ceux qui avaient des couteaux, des pierres ou autre étaient en

haut sur le terrain du pavillon, ceux qui n'avaient pas d'armes étaient en contrebas. Mais il y avait plus de curieux que de casseurs ; parmi les interpellés, il y a même la fille d'un policier ! »

Selon Libération, *certains jeunes seraient restés près de trois heures « rotules sur le goudron », cinq heures même, selon des mères de famille à l'origine du Collectif de défense des jeunes du Mantois. D'après le journaliste du Courrier de Mantes, les interpellés auraient conservé la position à genoux « 30 à 45 minutes avant de s'asseoir ». Une photo, prise à 13 heures par le localier, prouve qu'un peu plus d'une heure après le début de l'opération, quasiment tout le monde est assis.*

Pour continuer avec cette séquence de la violence contre la police il faut parler de cette vidéo où trois motards ont été pris à partie. L'un d'entre eux sort son arme. *Le Monde* s'est fait l'écho des commentaires sous un article dans son journal qui imputait la faute au lancement initial par un des motards de grenades de désencerclement alors que la foule se déplaçait sagement perpendiculairement à la rue où se trouvaient les motards. Voici une vidéo qui éclaire ce qui s'est passé : https://www.youtube.com/watch?v=fWpMRjP36ls On y voit qu'effectivement les manifestants sont plutôt calmes. On entend de temps en temps des explosions. Lorsque les images arrivent vers le carrefour où les motards ont été pris à partie on entend à nouveau des explosions, ce qui n'a dans un premier temps que peu d'effet : pas de blessés, pas de sursauts. On se dcmandc pourquoi ces grenades ont été lancées. Ensuite cela se gâte peut-être en trois temps. Un premier mouvement peu important d'abord repoussé. Une deuxième plus important et nettement plus violent qui aboutit à la chute du motard (sous un autre angle on voit mieux les violences sur les motards avec la vidéo la plus vue). Et enfin une horde déchaînée qui tente de massacrer la moto. À ce moment on voit aussi un homme qui a à la main une matraque télescopique qui se baisse pour reprendre sa respiration. On peut en conclure que le jet de grenades n'était pas d'une nécessité évidente (ont-ils reçu un ordre, on a dit qu'ils étaient venus à la rescousse à cause d'incidents ?). En deuxième lieu ces grenades n'ont que peu d'effets, je veux dire par là qu'il n'y a pas de réaction immédiate, pas de blessés, ni même de personnes choquées. Ce qui est fort visible. Ces grenades sont-ils la cause de la violence qui suit ? Sans doute, mais personne ne peut dire que ce serait à cause des dégâts causés, mais en tant que prétexte. Un prétexte, une explication, mais en aucun cas une excuse. Ce deuxième mouvement est d'un grande violence avec une trentaine de personne, peut-être plus. On voit beaucoup mieux cette violence sur la vidéo la plus vue (https://www.youtube.com/watch?v=BUpCFxgsu1Q). Quant au troisième mouvement c'est une gradation dans la violence avec d'autres manifestants qui viennent casser en hurlant et qui n'ont pu subir les grenades, ni même en regard du temps écoulé, n'ont aucunement pu assister aux lancées de grenade. On ne peut absolument pas dire que les torts sont partagés ont équitablement partagés. À cette possible erreur d'appréciation des motards on aurait pu répondre par des mots un peu crus, un peu d'agressivité mais pas ces violences avec une trottinette lancée, un arbre de Noël, des pavés, des coups, des poussées pour faire tomber les motards et cet acharnement bestial contre la moto. Une foule déchaînée, stupide, destructrice. Quant aux insultes, « enculé » doit être leur mot favori puisqu'on l'entend dans les deux vidéos.

Le samedi 5 janvier 2019 il y a eu deux événements concomitants. D'un côté à Toulon un commandant a frappé trois personnes, une qui était adossée à un mur, une autre couchée sur le capot d'une voiture et une troisième qu'il a repoussée. D'un autre, un individu, ancien boxeur professionnel s'en est pris au moins par deux fois aux gendarmes, dont une aidé par deux autres gilets jaunes à frapper au sol l'un des deux gendarmes. Le premier a eu 2 jours d'ITT le second 15.

Le commandant frappeur, avait été sanctionné deux ans auparavant pour avoir cassé le nez à un major. Dans un premier temps il n'y a eu aucune poursuite le procureur décidant que compte tenu des éléments (les deux personnes sont connues de la police l'un pour viol et rébellion, et l'autre pour des actions contre les force de l'ordre) et du contexte, l'action du commandant était proportionnée. Les deux seront mis en garde-à-vue. Le premier qui a été frappé aurait eu un tesson de bouteille à la main. Enfin le commandant aurait été agressé de nombreuses fois dans la journée car connu des gilets jaunes (et donc peut-être haï). Les vidéos ne permettent pas vraiment de voir si le jeune frappé a un tesson à la main. Comme vous allez le voir *Le Monde* traite les affaires de façon totalement différente (surtout dans un premier temps) au profit de l'ex-boxeur et au détriment du commandant. Voici une copie d'écran qui montre que le journal a une volonté manifeste de mettre en avant la possible bavure policière. Cette une Internet restera toute la journée du 6 janvier 2019.

« Gilets jaunes » : à Toulon, un commandant de police décoré a frappé des manifestants

Cet officier a été filmé donnant des coups, samedi 5 janvier. Après 34 ans de service, il avait reçu la Légion d'honneur le 1er janvier 2019.

- « On veut être acteurs de nos vies » : à Paris, les « gilets jaunes » de retour dans la rue
- Un « boxeur » recherché après avoir frappé un gendarme lors de la manifestation

Comme vous le voyez en titre on cite le commandant et l'image ne laisse aucun doute sur son acte (à juste titre si l'on peut dire). Dans le corps de l'article son nom est aussi cité, ses états de service, le fait qu'il ait eu la légion d'honneur en janvier. On parle aussi de son altercation avec un major et de la sanction qu'il a reçue. Dans un premier temps le journal, alors que c'est connu depuis la veille au soir, ne dit rien du fait que le préfet a demandé la saisie de l'IGPN, mais en revanche souligne que le procureur n'a rien retenu. L'effet est évidemment dévastateur : la police frappe et de façon totalement immune. Il n'y a pas d'enquête. Or il y a eu une première enquête puisque le procureur a tenu compte du contexte, mais ensuite, le préfet a saisi l'IGPN, ce qui était son devoir, le procureur aurait au minima dû lancer une seconde enquête. Comme vous le voyez, alors qu'il y a techniquement la place sur le site, le boxeur n'est traité que par une ligne renvoyant à l'article. Alors que le nom du commandant est cité, celui du boxeur non alors qu'il est déjà connu (plus tard oui). Alors qu'il écrit que le commandant a frappé, pour le boxeur c'est supposé avoir frappé. Les images, elles, ne laissent absolument aucun doute à ce que l'ex-boxeur ait frappé. Enfin, le fait que le préfet a demandé la saisie de l'IGPN aurait dû évidemment être mis dès le début de l'article d'une part car c'est une information majeure, d'autre part pour éviter que les lecteurs pensent que ce commandant est protégé dans ses actes violents. Il n'y aura qu'en fin d'article une phrase ambiguë qui parle de deux saisies du procureur sans dire contre qui.

La suite est si l'on veut, journalistiquement pire. L'ex boxeur s'est rendu à la police. On apprend sur lui qu'il est attaché territorial, qu'il a une compagne, trois enfants et qu'il rembourse le prêt de la maison qu'il a achetée. Donc situation stable, pas de risque de chômage. *Le Monde* fait cette fois-ci la une après la reddition du frappeur. Une une qui va rester plus d'un jour. L'article est celui-ci : https://www.lemonde.fr/police-justice/article/2019/01/07/gilets-jaunes-le-boxeur-soupconne-d-a v o i r - a g r e s s e - d e u x - g e n d a r m e s - s - e s t - r e n d u - a - l a - police_5405950_1653578.html

« Gilets jaunes » : le « boxeur » de gendarmes en garde à vue après s'être rendu à la police

Dans un premier temps le journal ne donne pas la parole aux deux blessés. En revanche on a une vidéo où l'ex-boxeur se justifie, suivie en-dessous de l'interrogation de deux de ses anciens entraîneurs qui démontrent comment en fait il est gentil, respectueux. Dans sa vidéo, il n'a qu'une phrase disant qu'il avait mal agi. Pas un mot d'excuse pour les deux blessés. Au contraire, il déclare de n'avoir fait que se défendre, qu'il avait vu des personnes âgées se faire gazer (vous savez ce terme qui, personne ne peut l'ignorer, est celui de deux périodes : celle de la guerre de 14 et celle des camps, et bien évidemment les dialecticiens de l'extrême gauche vont dire, et disent du reste, que c'est bien le terme adéquat puisqu'il y a des gaz lacrymogènes, ce qui est bien sûr de la foutaise, tout le monde sait que d'employer ce terme n'a rien d'innocent), frapper et que c'est en défense de tous les faibles attaqués sans aucune justification qu'il a frappé. En fait il se serait juste défendu (ce que contredisent les images puisqu'il attaque et ne se défend pas). En fait ce serait parce que depuis 7 week-ends qu'il subissait les violences qu'il a fini par craquer pour la défense de la veuve et de l'orphelin. Ce qui met terriblement à mal sa version ce sont trois points : 1- pourquoi un justicier attendrait-il 7 week-ends pour défendre les faibles ? Serait-il donc complice pendant ces 7 week-ends pour ne pas avoir agi avant ? 2- on le voit sur une vidéo sauter par dessus le garde corps pour venir frapper un gendarme qui recule devant une foule hurlante sans n'envoyer aucune grenade lacrymogène, ni frapper qui que ce soit. Dans l'autre cas, il frappe un homme au sol. 3- selon France Inter il avait des gants « coqués », c'est-à-dire renforcés par du plomb ou autre matière plus dure. Qui va croire un instant qu'avec des gants comme ça il était venu en pacifique ? Personne ne peut le croire. Il était venu casser du flic tout simplement. Par ailleurs c'est lui qui dit qu'il n'a rien fait de répréhensible pendant les 7 autres week-ends. Ce n'est pas parce que l'on aucune vidéo publiée ou vue l'impliquant qu'il aurait été sage. Dans un deuxième temps *Le Monde* a finalement ajouté les déclarations des deux victimes. Les voici car elles sont édifiantes :

Les deux gendarmes attaqués samedi sont revenus sur ces violences, lundi, devant la presse. « Plusieurs centaines de personnes nous poussent et, au final, il y a un des manifestants qui est arrivé par-derrière, m'a projeté au sol. À partir de là, plusieurs m'ont roué de coups, dont la personne qui m'a jeté au sol, le fameux boxeur », a expliqué Cédric, 27 ans.

« C'était vraiment frapper pour frapper : la tête, le visage, le dos... Ses camarades m'empêchent de me relever. C'était taper pour vraiment faire mal, voire tuer s'ils pouvaient. C'est de l'hyper-violence (...). C'est de la violence gratuite. Il n'y a pas besoin de ça pour se faire entendre. Là, c'est plus passer un message, c'est plus chercher à défendre une cause, c'est de la violence, c'est tout. »

Abrité derrière son bouclier, son collègue Pierre, également âgé de 27 ans, affirme avoir tout de suite « senti que c'était quelqu'un qui savait ce qu'il faisait » : « Il revenait tout le temps en garde, et les coups étaient vraiment bien dirigés vers mon visage ».

« C'est très long. Surtout que nous, on essaie de garder notre calme. On essaie de reculer, on n'a aucune agressivité vers eux. C'est de la violence gratuite », ajoute-t-il.

Regardez bien ces images ci dessous, car elles aussi sont édifiantes. Un mur de gilets jaunes, un homme à terre esseulé, l'ex-boxeur le frappe au sol aidé d'autres gilets jaunes. Ensuite l'ex-boxeur tape sur la tête du gendarme par dessus le garde-corps, puis d'autres gilets jaunes qui frappent. Vous verrez aussi sur une capture d'écran la preuve qu'il a des gants avec une coque, c'est parfaitement identifiable. Du reste il est étrange que les autres violents ne soient pas aussi recherchés.

5,05 M vues
0:07 / 0:46

5,05 M vues
0:07 / 0:46

Les images (et la vidéo) prouvent qu'il ne défend aucun retraité. Tous ceux qui l'entourent son jeunes ou dans la plénitude de l'âge.

Terminons avec cette affaire par cet extravagant élan de soutien de ce boxeur, devenu le héros et d'une cagnotte qui aura réuni 115 000 € au matin du 8 janvier 2019, en 48 heures, après on ne sait plus car l'initiateur a supprimé la visualisation du montant. C'est évidemment scandaleux de faire une quête pour un voyou. Ce qui est encore plus scandaleux ce sont les commentaires sous la collecte qui font de lui un héros national, le révolutionnaire si courageux qu'il tape sur un homme à terre avec 100 ou 200 personnes derrière lui. Et pour les media qui ne trouvent toujours pas ce mouvement en général violent il faut noter qu'ils étaient seulement 50 000 dans la rue ce jour-là et qu'ils sont 8 000 (8 000 !) à soutenir financièrement ce violent gilet jaune. Et dans les commentaires il est célébré en héros. Il a tapé sur des gendarmes qui empêchaient un flot hurlant de gilets jaunes qui voulaient franchir un pont interdit, hors du tracé prévu, donc dans l'illégalité. Ces gendarmes étaient dans leur rôle. Ils étaient infiniment moins nombreux que les gilets jaunes. Cette honteuse cagnotte a été stoppée. L'organisme collecteur a indiqué que ces sommes serviraient à payer sa défense. Et il y en a qui considèrent que c'est mieux ainsi. Ce qui veut dire que vous pouvez, et pourrez financer votre défense, les frais de justice, par une collecte de fonds si jamais vous êtes un voyou qui frappe un flic à terre ? C'est ce que cela veut dire. La chasse est ouverte. Pas de responsabilisé financière. Les meilleurs avocats car avec 115 000 € il va pouvoir s'offrir Dupont Moretti quoique lui ne soit pas vraiment gilets jaunes. Vergès, lui, il est passé à autre chose, dans un autre monde. On apprendra ensuite que le site Leetchi a suspendu le paiement à cause de suspicion de détournement de fonds (le compte bancaire pour verser les fonds n'étant plus le même que celui déclaré pour la collecte) et que le boxeur a été condamné à un an de prison ferme mais avec aménagement de peine : il dormira seulement en prison. Lors que *Le Monde* en parle il donne la version du boxeur devant le tribunal (il s'est défendu) sans donner, alors que c'est une juste et essentielle information, que la juge a répondu que ce n'était pas ce que montraient les images. Voilà l'éthique de ce journal.

Qu'il y ait des violences du fait de la police c'est une possibilité, ou une probabilité forte, ou une réalité. Les conditions de chaos, de violence extrême peuvent en être une explication, mais non une excuse. Du reste Castaner a formellement condamné ces possibles violences et a fortement conseillé de porter plainte. Lorsque vous déployez 100 000 policiers et gendarmes, il est impossible - même si le contraire est des plus hautement souhaitable - il est impossible qu'il n'y ait pas un certain nombre de têtes brûlées, de personnes qui craquent, d'extrémistes, de types qui en profitent pour taper. Il suffit d'un pour cent pour que cela fasse 1 000 personnes et 1 000 personnes cela tout au long d'un mois peut faire du dégât. Il est tout simplement impossible, même avec des grilles de sélection, même avec de la formation, impossible que certains individus non souhaités ne se retrouvent pas sur le terrain. L'impératif est de tout faire pour les éviter, et dans le cas où ils se trouvent ou se révèlent sur le terrain pour les empêcher de nuire dans l'action. Alors que l'on veut faire d'un mouvement au noyau violent, aux leaders complotistes et violents, un mouvement à grande majorité pacifique, on veut en sens contraire faire de la police une entité violente par définition. Que l'on ne me dise pas que les uns ont le droit à la violence alors que les autres sont condamnés d'avance. Non la police n'a pas le droit à la violence gratuite, mais oui elle a le droit et le devoir d'utiliser des moyens adéquats et parfois coercitifs pour protéger les biens et les personnes et également ses propres membres. Notez bien que le 28 décembre 2018 il y a seulement 48 saisines de la police des polices. Vous avouerez que pour 6 semaines de violence continue cela fait peu (éh oui c'est toujours trop). Reste à savoir combien il y a eu de plaintes (concomitantes, ayant déclenché ces saisines, ou en plus). Dans l'impression laissée il y a évidemment ceux qui jettent de l'huile sur le feu comme les Insoumis pour lesquels la police n'est qu'un moyen dictatorial du pouvoir, il y a Dupont-Aignan, le total irresponsable, qui devra répondre de la justice qui accuse Castaner d'avoir était le donneur d'ordre des casseurs. Permettez-moi, par simple bon sens et non naïvement, d'être certain d'une part que le pouvoir ne voulait en aucun cas favoriser les casseurs, et d'autre part de donner des ordres qui aboutiraient à des blessés volontairement ou des morts. C'est humainement impossible et politiquement suicidaire. Ce fantasme n'est que dans la tête des Insoumis, de parrain comme Chouard ou des porte-parole comme Nicolle.

Parmi ceux qui mettent de l'huile sur le feu on ne peut passer à côté des déclarations de Ruffin. Dans *Sud Ouest* du 3 décembre 2018, mis à jour le 4 :

"De la colère, on est passé à la rage. L'orgueil du président de la République, sa surdité, son obstination, son absence de concession sont une machine à haine", souligne-t-il, avant de poursuivre :

"Qu'ai-je entendu durant deux jours ? « Il va terminer comme Kennedy », « Si je le croise, tant pis je monterai en prison », « Vous voyez la croix sur le terre plein, il va finir pareil »."

François Ruffin.

Ces menaces, explique-t-il, ne sont pas les siennes.

"Ces mots sont prononcés par des intérimaires, des retraités paisibles. Durant deux jours je me suis appliqué à les tempérer. À argumenter, à modérer. La violence ne mène à rien."

François Ruffin.

Macron "met la France à feu et à sang"

Pourtant, l'élu n'a pas hésité à répéter ces menaces. Et, au fond, à avertir le chef de l'Etat qu'il risque ni plus ni moins que l'assassinat, comme le président américain John Kennedy abattu le 22 novembre 1963 à Dallas. Difficilement compréhensible de la part d'un élu. Surtout dans le contexte explosif que l'on connaît.

"Mais, ajoute-t-il, c'est lui le président de la République qui depuis 18 mois déchire la République. C'est lui qui met la

France à feu et à sang. "Macron démission" : c'est proclamé en chœur sur tous les ronds-points." Et d'ajouter : "Que disent les Français que j'ai rencontré : que Monsieur Emmanuel Macron doit maintenant partir. Qu'il doit partir, en auto, en moto, à cheval, en trottinette, en hélicoptère mais qu'il doit partir avant de rendre notre pays fou de rage".

Vous noterez l'absurdité de la comparaison avec Kennedy qui était admiré des Américains. Vous noterez que Ruffin ose écrire que Macron aurait mis la France à feu et à sang. Comment est-il possible, même dans un combat politique, d'oser employer un tel vocabulaire ? Et par un homme dont les paroles sont d'Evangiles pour nombre de gilets jaunes qui seront donc confortés dans leurs actions violentes, légitimés et excusés d'avance car ce ne serait qu'une juste révolte contre la mise à feu et à sang de la France par Macron. Ruffin devrait venir s'expliquer devant la justice pour ces propos d'une part diffamatoire, ensuite haineux et enfin une excuse des violences des gilets jaunes.

Enfin il est pour moi d'une évidence absolue que toute bavure policière doit être condamnée avec une extrême sévérité car la moindre bavure est un déni de la sécurité publique tout en étant un arme extrêmement puissante pour tous les extrémistes afin d'en accuser le pouvoir et un prétexte, bien que fallacieux, donné aux casseurs, et même une excuse toute fournie aux bonnes âmes prêtes à défendre les factieux qui subissent cette si intolérable violence sociale. Plus une riposte est faite dans le respect de la loi, plus la sanction est légitime contre le délinquant. Malheureusement aucune bavure, c'est impossible. Un gendarme épuisé qui subit insultes, jets de boulons, de pavés, surmené, peut un jour se laisser aller contre un violent ou un supposé violent. Cela ne veut pas dire qu'il ne doive être sanctionné, cela veut dire que c'est lui aussi un être humain qui peut craquer. En revanche le policier, le gendarme qui profite des heurts et du chaos pour assouvir sa violence, cela n'a que des circonstances aggravantes. Il faudra, pour cela, bien étudier les circonstances et le contexte de ce qui pourrait être deux bavures du commandant dont on a parlé. Pour l'instant les images ne doivent pas convaincre beaucoup de monde qu'il n'aurait pas profité de la situation pour se défouler. La justice là aussi doit passer. Le fait qu'il y a eu plus de 1 000 gendarmes et policiers blessés démontre la grande violence de ce mouvement. Le fait qu'il y ait eu jusqu'au 5 janvier plus de 5 000 garde-à-vue démontre là aussi l'ampleur de cette violence sachant que ne sont en garde-à-vue qu'une partie de ceux qui ont été arrêtés et que seule une petit partie des violents a été arrêtée.

Un dernier mot, et quelques statistiques : environ 3 500 000 interventions par an, 12 000 blessés parmi les forces de l'ordre, 2 000 sanctions de l'IGPN dont 800 pour intervention musclée, et 1 000 saisies de l'IGPN pour ces mêmes interventions. Violences policières ? Immunité ?

Le Monde

Ah *Le Monde* ! C'est un monde à lui tout seul. Considéré, encore peut-être aujourd'hui, comme le journal de référence par son histoire, les illustres qui y ont travaillé, son aspect austère, sérieux à ses débuts. Sans doute aussi tel par ses lecteurs, se sentant ainsi faire partie de l'élite éclairée, celle qui lit *Le Monde*, une élite assez libérale, révolutionnaire qui s'encanaille. Et pourtant ce journal a encensé les Khmers rouges, ce qui devrait faire réfléchir. Dans l'histoire qui nous concerne, celle des gilets jaunes, il est un peu le pendant des télévisions en continu. Depuis qu'il s'est pris pour le *Washington Post* avec l'affaire Benalla, il a voulu ne pas en manquer une. Après le nombre ahurissant d'articles sur Benalla, il a voulu tenir la cadence avec les gilets jaunes. Il est en fait une sorte de reflet symptomatique du monde dans lequel nous vivons, un monde de selfies, de Twitter et de Facebook, d'égocentrisme absolu, de superficialité, d'instantanéité, où l'éruption émotive, la défense d'un cause sans réflexion sont devenus les modes d'être. Ce monde peu à peu définit un ennemi multiforme dont le libéralisme économique est une des têtes de Turc, et où tout ce qui est différent de l'Europe et de son histoire est forcément bon et parfois encore meilleur s'ils en disent du mal et la conchie, et que des ex-opprimés (présentés comme universellement et infiniment comme tels, peu importe qu'ils furent guerriers, envahisseurs, tortionnaircs, esclavagistes, pilleurs, assassins par le passé, ils sont les bons à défendre envers et contre tout) ont tous les droits compassionnels sans devoir. Dans cet état d'esprit délétère et mortifère, ceux qui s'en inquiètent sont jetés en pâture à la vindicte populaire, montrés du doigt et doivent se couvrir la tête de cendres. Dans ce monde-là, les gilets jaunes sont une aubaine : le peuple qui se révolte, la rédemption de la presse. Dans ce monde-là, les media et avec eux, en navire estafette, *Le Monde*, veulent y avoir leur plaque commémorative. Sous couvert d'information, ils participent à gonfler une grenouille croassant en la présentant comme un prince charmant. Deux en un. Une photographie de la réalité horrifierait plus d'un honnête homme. On l'a vu ce mouvement ne pouvait qu'être violent par constitution et fut numériquement parlant, en regard de l'inondation publicitaire qui en a été faite et les appels des Mélenchon, Dupont-Aignan, Le Pen, la CGT, Hamon et Alii, un échec présenté comme un succès. Ces media ont participé à son éclosion, son développement. Ils ont participé à nous présenter une face minoritaire et banal comme un aspect majoritaire et lumineux. On nous a parlé de fraternité que l'on a voulu démontrer par des exemples édifiants (comme à l'école de Jules Ferry). Et pourtant la sociologie de ce mouvement, outre sa composition politique (extrême droite, extrême gauche, complotisme majoritairement), et une tendance à exclure les vrais exclus de la société se résume à une bonne partie de salariés moyens (entre un peu du SMIC et 1 600 €). Mais il y a eu aussi une part médiatiquement visible et importante de salaires nettement plus haut : 3 000 et plus. Olivier Galland (sociologue) nous dit ceci (*France Info*) : *De nombreux commentateurs l'ont souligné, le mouvement des "gilets jaunes" a mobilisé les "classes moyennes" si l'on donne à cette notion une acception assez large, qui englobe les personnes aux revenus modestes ou moyens. Les premières analyses des profils sociaux des personnes interpelées après les émeutes parisiennes du 1er décembre montrent qu'il s'agit plutôt de personnes insérées, souvent en CDI, parfois propriétaires d'un petit pavillon, certainement pas majoritairement de personnes marginalisées et touchées par une extrême précarité.*

Et ceci à propos de la fraternité de ce mouvement :
Il est bien possible par ailleurs qu'une partie des "gilets jaunes" pense que des Français pauvres ou des étrangers (qui font largement partie des pauvres) bénéficient de façon indue de ces prestations. Nous avions vu ce mouvement d'opinion dans l'enquête que nous avions consacrée aux représentations des inégalités et à la justice fiscale (La France des inégalités. Réalités et perceptions, Presses universitaires de Paris Sorbonne, 2016), que certains de mes collègues avaient appelé le populisme économique. Le sentiment d'injustice fiscale s'y révélait très élevé, surtout chez les Français proches de l'extrême droite, et lié à l'idée que certains bénéficient d'avantages indus et pas seulement les riches. Plusieurs observateurs ont noté la présence, dans le mouvement actuel, du thème du rejet de l'assistanat, qui n'est pas sans faire écho aux propos déjà anciens de Laurent Wauquiez sur le "cancer de l'assistanat".

A son niveau *Le Monde* a joué sa partition et son rôle. Il les a joués en présentant des faits sans contexte, sans recul, sans comparaison (géographique, historique, économique) et a tenu le fil rouge du fameux *pouvoir d'achat*. Ce journal a implanté comme idée permanente et indéracinable que le pouvoir d'achat ne devait avoir aucune limite d'augmentation, qu'il était en fait sans doute déconnecté de l'économie et de la seule responsabilité du pouvoir (au service des riches). Il a caressé la galaxie des gilets jaunes et ses périphériques dans le sens du poil. Il a fait pis en faisant des fausses présentations.

Commençons par cette distorsion de la réalité d'un article du 5 décembre 2018 (modification le 8) de ce journal au titre : *« Gilets jaunes » et niveau de vie, les dix graphiques de la colère*

Commençons donc par un des graphiques présentés. Du reste je suis estomaqué qu'une conférence de rédaction ait pu laisser passer ces diverses manipulations. Sur ce graphique nous voyons 6 chiffres dont deux qui correspondent à des rapports celui entre le revenu des 10 % les plus riches et 10 % les plus pauvres. Il est montré en gras qu'en 1993 il était de **1 à 6** et de **1 à 7** en 2016. Vous remarquerez qu'en 2016 Macron n'était pas président. Si vous prenez les chiffres indiqués 3737/582 en 1996 et 4686/689 en 2016 cela vous donne respectivement **6,42** pour l'un (ce qui est assez éloigné de 6) et **6,8** pour l'autre qui n'est pas très proche de 7. Entre 6 et 7 il y a 1 entre 6,42 et 6,8 il y a 0,38. L'écart a été visuellement multiplié par 2,63 (0,38 X 2,63 = 1).

Qui peut accepter une telle présentation? Qui peut oser dire que ce n'est pas malhonnête ? L'accroissement (en 20 ans) de cet écart demande sans doute une correction mais est-ce une raison pour le gonfler artificiellement de la sorte ? Où est l'éthique dans cette présentation ?

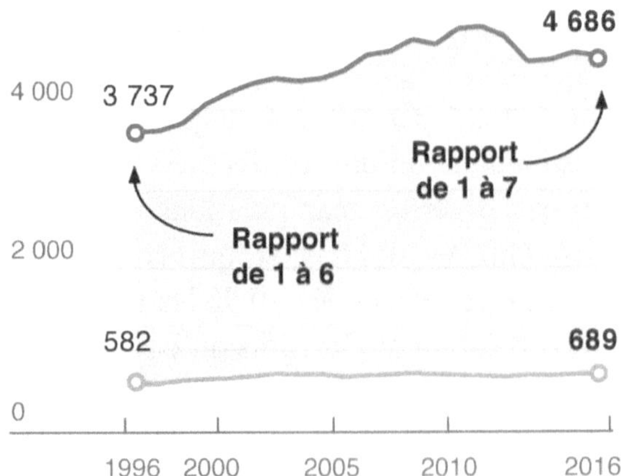

Passons au 2ème des trois exemples dont je veux parler. Il s'agit des dépenses contraintes. Il est vrai que ce graphique est présenté à partir des chiffres de l'INSEE, dont on peut dire que c'est une présentation politique.

Pourquoi cette présentation est-elle fallacieuse ? On vous démontre que pour les familles pauvres il y a 61 % de dépenses contraintes et 24 % pour les ménages aisés. Il y a a deux biais. L'INSEE, et *Le Monde* avec qui ne fait pas de correctif, considère que les dépenses contraintes viennent à être comparées à partir du revenu disponible c'est-à-dire, après impôts sur le revenu. En quoi l'impôt sur le revenu ne serait-il pas une dépense contrainte ? On va comparer les salaires nets d'un côté et montrer les inégalités et pour prouver qu'elles sont encore plus inégales car il y a beaucoup plus de dépenses contraintes on ne parle pas du revenu net avant impôts. Il faut

donc faire un correctif. Disons qu'en faisant une cote mal taillée les personnes aisées payent environ 20 % de leur revenu (tranche à 30 % et 45 %). sans rentrer dans les calculs ils gagnent donc 125 si la base de ce graphique est 100. Ils ont donc comme dépenses contraintes 25 d'impôts, plus 24 (dans ce graphique) soit 49 qu'il faut diviser par 125 ce qui donne une dépense contrainte globale de 39,2 % ce à quoi il faut ajouter sans doute la taxe foncière. Comme vous pouvez constater sur ce graphique, les ménages modestes (qui ne payent pas d'impôts sur le revenu) sont à 39 %. Tirez-en vous-mêmes les conclusions. Il ne s'agit nullement ici de dire que les ménages modestes vivent mieux que les ménages aisés mais de montrer que le pourcentage de dépenses contraintes par rapport à ce que l'on gagne est totalement différent de ce qui est montré. De plus vous le verrez en comparant avec le document du *Point*, que le document du *Monde* pour les pauvres montre un chiffre inexistant ailleurs alors que les 4 autres se rapportent à un couple avec enfant ce qui donne 56 % en équivalent pour les ménages pauvres et non 61 %. D'où vient ce chiffre ?
Ci-dessous graphique *du Point*

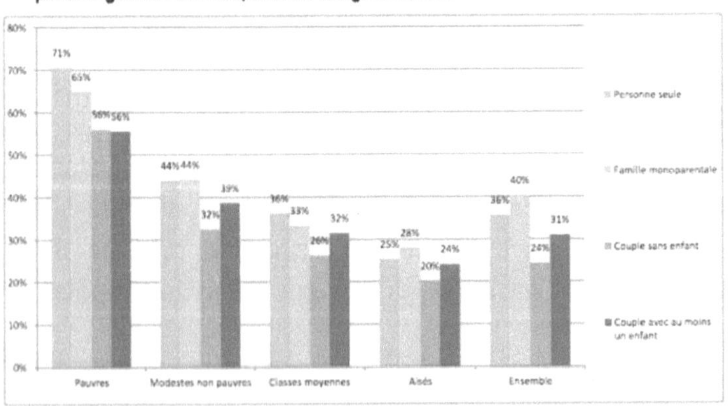

Lecture > En 2011, les ménages pauvres composés d'une personne seule affectent 71 % de leur revenu disponible total à des dépenses pré-engagées.
Champ > France métropolitaine, ménages ordinaires dont le revenu déclaré au fisc est positif et dont la personne de référence n'est pas étudiante.
Source > Insee, enquête Budget de Famille 2011.

Avec ce dernier graphique vous avez là devant les yeux une méthode classique d'enfumage.

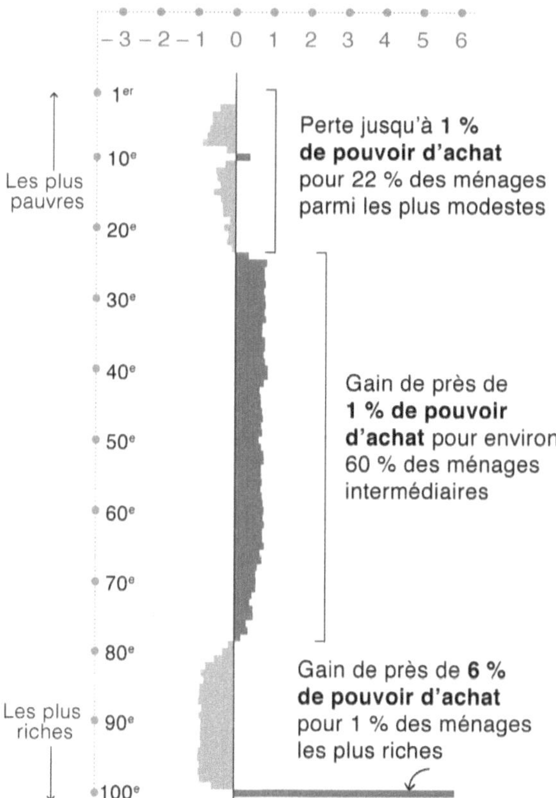

D'un côté vous avez deux masses la perte de pouvoir d'achat jusqu'à 1 % pour les ménages les plus pauvres (22 %) et gain de près de 1 % pour 60 % (qui sont des ménages intermédiaires.) La masse des 18 % les plus riches qui perdent plus de 1 % n'est pas indiquée (Il ne s'agit pas là non plus de les plaindre, on parle d'éthique professionnelle). En revanche le graphique insiste sur les 6 % de gain du pouvoir d'achat du centile le plus riche sans relever le centile qui en gagne aussi parmi les plus pauvres. Dans une présentation éthiquement professionnelle on aurait mis d'un côté du graphique les commentaires des trois masses et de l'autre ceux pour les deux centiles isolés. La présentation *Du Monde* est évidemment malhonnête parce que le journal voulait arriver à une démonstration que Macron favorisait les riches. Alors si ce graphique montre que le centile des plus riches est favorisé (si encore ces prévisions sont justes) la masse centrale est favorisée (et ce ne sont pas les plus riches) et la masse des plus riches est défavorisée avec celle des plus pauvres. Du graphique on ne peut pas conclure que c'est une politique pour les riches.

Ces trois exemples démontre que l'éthique n'est pas le fort de cet article. Mais il faut aller plus loin car tout tourne autour du pouvoir d'achat. Et pour cela il faut éviter d'en faire un mantra et de crier avec porte-voix : Le pouvoir d'achat ! Le pouvoir d'achat ! Philosophiquement parlant on peut se poser la question de savoir si globalement le pouvoir d'achat est destiné à progresser sans fin. Avec les problèmes de ressources, du réchauffement climatique etc, on a le droit de se poser la question.

Voici un graphique intéressant venant d'un article du 18 décembre 2018 *du Point.*

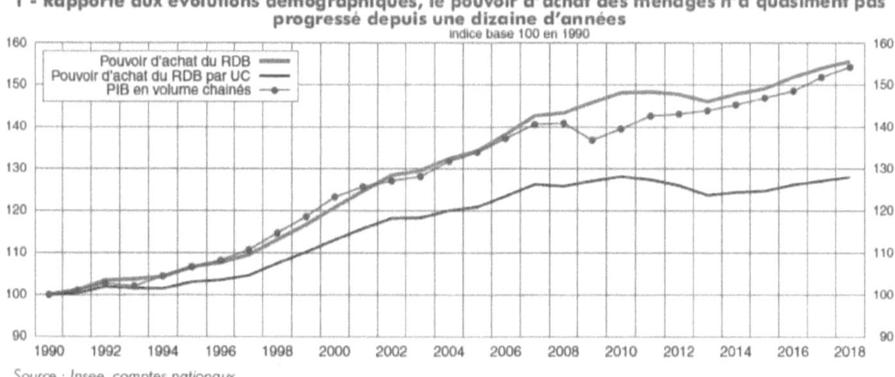

Les deux courbes intéressantes sont celles appelées RDB et RDB par UC. La première indique le pouvoir d'achat et l'autre le pouvoir d'achat par unité de consommation. Vous allez voir à quel point c'est important et vous fera vous demander si les journalistes généralistes ou économiques ont fait leur travail, ou s'ils ont manqué totalement de professionnalisme ou alors qu'ils ont volontairement jeté de l'huile sur le feu. Ce graphique par la courbe RDB montre qu'après une baisse en 2011 à 2014, il n'a cessé d'augmenter. Donc le pouvoir d'achat n'a pas baissé. Il a augmenté, il a même augmenté en près de 30 ans de plus de 55 %. Le pouvoir d'achat tient bien évidemment compte de l'inflation. Une remarque qu'il faut

129

faire, même lorsque l'on dit que le pouvoir d'achat a stagné et qu'ignorent totalement les media c'est que c'est un miracle qu'il ait même stagné car entre 2008 à partir d'octobre et qui a duré au minimum quatre ans, et aujourd'hui il y a eu la crise gravissisme des subprimes entraînant une crise économique. Comment si on a un minimum d'honnêteté aucun des media n'a-il intégré la crise dans ses litanies de pouvoir d'achat qui a baissé ? Comment ? Elle ne fut pas si grave ? On n'en a pas parlé pendant des années ? C'est un mystère ou une volonté délibérée ou une incompétence inimaginable ou la volonté d'être dans la pleurnicherie du pouvoir d'achat (je ne compte pas dans la pleurnicherie les plus fragiles bien sûr).

La deuxième courbe qui nous intéresse nous parle de pouvoir d'achat par unité de consommation. Et ce point primordial apprend comment on a fait basculer une responsabilité de comportement individuel sur celle du pouvoir. Comme il s'agit d'une moyenne, donc de la globalité de la société, la stagnation du pouvoir d'achat par unité de consommation vient d'un phénomène sociétal qui s'est accéléré c'est-à-dire d'une part l'augmentation des familles monoparentales et d'autre part une augmentation de ce que l'on appellera dé-cohabitation. Ce qui veut dire que des comportements individuels (voulus ou contraints) en l'occurence des séparations a un effet sur le niveau de vie car vivre en couple diminue des frais communs. Donc ces comportements individuels (même s'ils créent des situations tragiques, et entraînent des fragilités) ont pour conséquence un baisse ou une stagnation du pouvoir d'achat par des unités de consommation, unités qui par le fait ont augmenté en nombre et cette augmentation à partir d'un pouvoir global qui augmente en diminue la valeur unitaire. Qui peut reprocher à un pouvoir une baisse du pouvoir d'achat par cellule de consommation, quand le pouvoir d'achat augmente, du fait de rupture de vie commune ? Sa responsabilité peut être engagée sous condition que ce pouvoir force à la séparation des personnes de par la loi, des décrets ou des actions spécifiques. Le gouvernement de Macron a-t-il mis en place une politique pour séparer les couples ? Il y a encore deux points spécifiques dont il faut parler. Le premier est que les media ont insisté fortement sur la baisse du pouvoir d'achat des plus pauvres. Ce sur quoi ils n'ont fait que survoler l'information est que ce montant est de 0,5 %, mais surtout qu'il concerne prix du tabac inclus. Prix du tabac inclus ! Si on retire le prix du tabac, le pouvoir d'achat a augmenté. Et on ne peut avoir une politique de santé volontaire, avoir la lutte contre le tabac comme une cause nationale et pour ce faire augmenter le prix du tabac ce qui a forcément une conséquence et cette conséquence est d'autant plus importante compte tenu du prix d'un paquet de cigarette pour les plus pauvres et passer sous silence ce fait et donc de faire croire que le pouvoir est un monstre qui s'attaque aux plus pauvres alors que la baisse est due à un comportement addictif personnel au détriment de sa propre santé, de celles des autres (tabagisme passif), des finances publiques, de l'économie générale, de la lutte contre la pollution (consommation d'eau, terres arables confisquées, pollution de la fabrication, du packaging (carton, papier, plastique) du transport, du stockage, de la consommation, des déchets (filtres des cigarettes)), et surtout de la famille.

Enfin on ne peut passer sur le fait que l'INSEE annonce une hausse du pouvoir d'achat de 1,8 % pour le second semestre de 2018 ce qui contredit cette antienne des media multi-journalière de la stagnation du pouvoir d'achat nourrissant tant le mouvement des gilets jaunes que son ressentiment, son sentiment d'injustice. On a cru d'octobre à décembre que la France était un pays de miséreux, que les manifestants étaient les damnés de la terre, une référence dans l'inconscient collectif (image d'Epinal) aux années du progrès industriel du XIX^{è} siècle alors que des enfants de 10 ans travaillaient jusqu'à 12 heures par jour, sept jours sur sept, douze mois sur douze, sans vacances, sans retraites et du brouet pour repas. Est-on un damné de la terre avec 35 heures par semaine, cinq semaines de congés payés, les jours fériés, la retraite à 62 ans, la sécurité sociale ? Comment peut-on laisser circuler cette impression fausse et malfaisante ? Comment ne pas comparer les 4 milliards de l'ex ISF non perçus à l'avenir en regard des 745 milliards redistribués dont la très grande majorité provient des plus riches ?

Le rôle d'un journaliste est d'éclairer, de chercher ce que le lecteur n'aura pas les moyens de trouver. Lorsqu'il se dit journaliste économique, son devoir n'est pas de rester superficiel mais d'aller au fond des choses, comparer, voir le possible, le réalisable, l'impossible. Il ne doit pas avoir un rôle politique sauf à savoir à l'avance qu'il est engagé. Quand il entretient une colère en décrétant que les injustices croissent, que le pouvoir d'achat baisse, quand en plus il confirme les gilets jaunes dans leur ressentiment, il sort de son rôle, et il devient un poison quand il n'a pas fait son travail. Prenons l'exemple de l'accroissement de l'écart entre le premier décile des plus pauvres et celui des plus riches. Pourquoi ne prend-il pas en compte cet autre graphique, très intéressant, entre le premier décile des salariés les moins payés et le dernier des mieux payés. Cela aussi a un sens dans notre société où l'on nous fait croire qu'elle ne serait composée que de salariés considérant les commerçants, artisans, professions libérales, auto-entrepreneurs comme quantité négligeable.

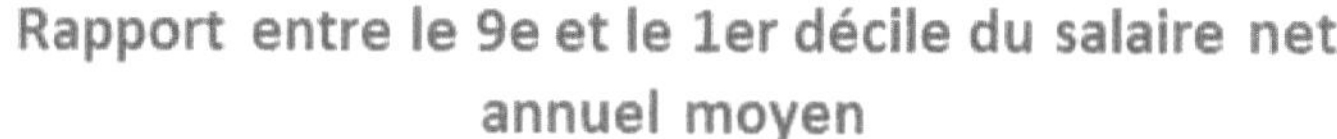

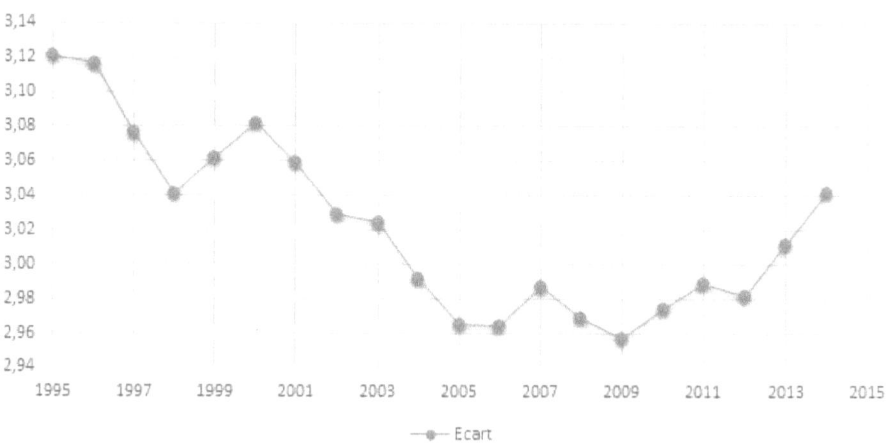

Que remarquez-vous entre 1995 et 2015 ? que le rapport qui était de 3,12 après être redescendu est remonté à 3,04 soit une réduction de 2,56 %. Il faut savoir que la visualisation de la courbe est trompeuse car les ordonnées sont limitées à un écart et ne partent pas de 0, cependant on est très loin, pour les salariés, d'une accélération des inégalités entre les plus bas et les plus haut salaires. Très loin puisqu'au contraire cet écart c'est légèrement réduit. Ne pensez-vous pas qu'il serait d'une grande nécessité de présenter aux Français les choses telles qu'elles sont et non telles qu'on les présente pour jouer un rôle hors de propos car déplacé, risqué pour la cohésion nationale, influant vers de la jalousie, de la haine, à partir d'une présentation parcellaire des faits ? On n'a vu que la baisse du pouvoir d'achat, faible, ou sa stagnation, information non seulement faussée par le fait d'une modification de comportement sociétal, mais aussi parce que le dernier semestre de 2018 serait au contraire une progression, mais de plus on n'a pas tenu compte dans la présentation de la modification très importante de la pyramide des âges entre 1996 et 2016. Or cette modification de la pyramide des âges modifie de facto le niveau moyen de rémunération des déciles. Les salaires progressent avec l'âge. Plus la proportion de personnes en activité d'un âge plus élevé est forte plus ce décile aura un niveau de revenu moyen qui augmentera non parce qu'il y aura seulement une augmentation de cette tranche de façon qualitative mais parce qu'elle sera aussi quantitative. Par exemple si vous avez dans le dernier décile 5 personnes de plus de 55 ans et 5 personnes entre 50 et 55 ans pour une année et 20 ans après 8 personnes de plus de 55 ans et 2 personnes (pour arriver à ce même 10) entre 50 et 55 ans alors la valorisation moyenne globale du dernier décile augmentera par effet mécanique et non par augmentation individuelle. Calcul 5 gagnent 100 et 5 gagner 80 ce qui fait 900 divisés par 10 = 90. 8 gagnent 100 et 2 gagnent 80 cela fait 960 divisés par 10 = 96. Bien évidemment les hauts salaires ont augmenté, ce n'est pas ce que veulent démontrer ces exemples. Ils veulent démontrer qu'il y a un effet multiplicateur du fait du vieillissement de la population et que donc l'inégalité l'est aussi du fait de la masse des personnes plus âgées et non de la seule augmentation des inégalités par catégorie. Les deux pyramides des âges ci-dessous vous feront toucher du doigt la modification importante de la population française entre 1996 et 2016 .

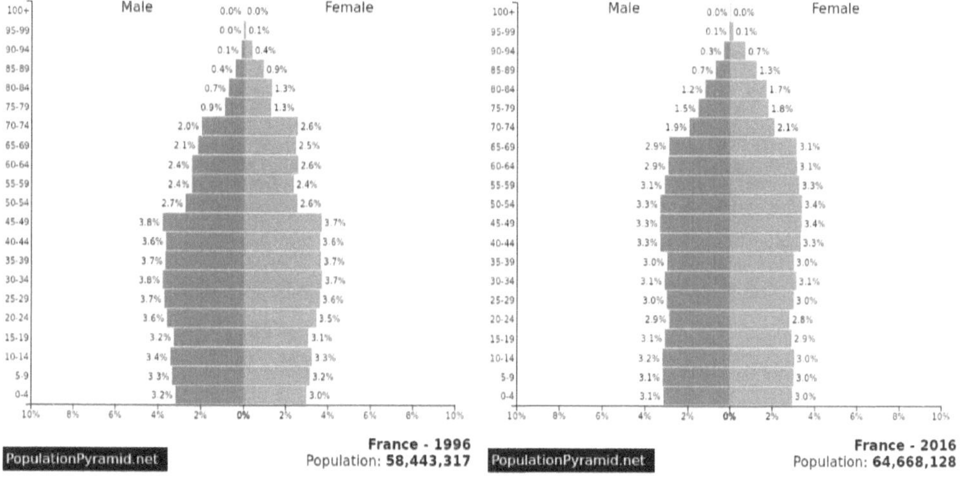

Même un aveugle se rendrait compte que la pyramide des âges n'est pas la même entre celle de 1996 à gauche et celle de 2016 à droite et qu'il y a un glissement vers les plus âgés. Même un débutant en économie saurait que les rémunérations augmentent avec l'âge. De ces deux faits visibles et connus, on ne peut ne pas en tirer une partie des conclusions. Et ce travail est celui des journalistes, qui ne sont plus que des passeurs de soupe au profit de ceux qui hurlent le plus fort et le plus souvent.

Cette infographie ci-après démontre sans ambiguïté soit la propagande volontaire de ce journal, soit une incompétence majeure, soit un manque patent de professionnalisme, soit aucune mémoire. On peut lui associer tous les media qui n'ont jamais fait part de ces faits connus qui démontrent combien cette colère des gilets jaunes a été entretenue et comment l'occultation de l'environnement et la comparaison avec les autres pays européens ont été masqués afin, justement, de donner du poids à leurs plaintes colériques et revendications. Cette infographie livrée par *Le Monde* le 4 juin 2019 utilise des chiffres connus depuis 2015 et place la France parmi les pays européens où le taux de personnes sous le seuil de pauvreté est un des plus bas d'Europe (le 5^{è}) et bien en-dessous de la moyenne : 13,6 contre 17,3. Ceci fait de notre pays un de mieux lotis dans le combat contre la pauvreté. Ce fait majeur aurait dû inlassablement être rapporté plutôt que de brosser les gilets jaunes dans le sens du poil et de laisser croire que les Français étaient les plus malheureux du monde.

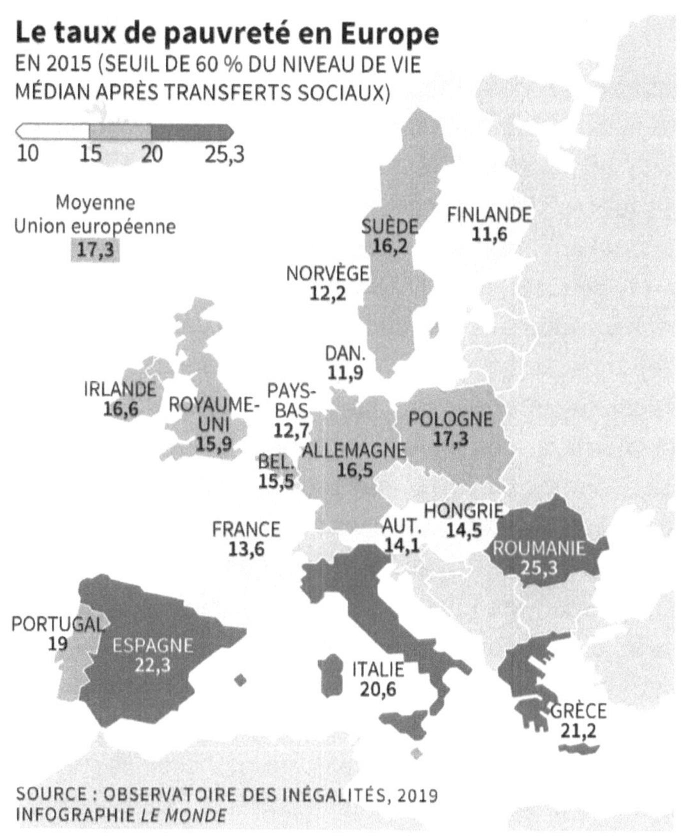

Ce journal *Le Monde* est en quelque sorte la caricature en ce qui concerne ce mouvement du plus détestable du journalisme : évènement vu avec un œil déformant, aucun recul, analyses totalement biaisées confortées par l'intervention d'experts totalement engagés à gauche si ce n'est à l'extrême gauche. Il n' a cu de cesse de le présenter comme non violent, fraternel, représentant une France miséreuse en lutte légitime et révolutionnaire contre la France d'en haut. Des personnes sympathiques, malheureuses, oppressées, mais dynamiques, déterminées, solidaires, généreuses, bouillonnant d'idées et de fraîcheur (si on peut bouillonner de fraîcheur, n'est-ce pas ?). Cela le fut par des titres comme cet invraisemblable *les ronds-points nouvelle agora ?* Comme si le point d'interrogation pouvait minimiser cette affirmation absurde d'agora. Tout a été fait dans ce journal pour transformer un mouvement dirigé ou représenté par des factieux, des révolutionnaires en chambre et également en action, en un élan noble du peuple qui souffre, du peuple méritant, courageux, occultant la violence initiale que furent et sont les blocages, blocages calmes pour certains, mais brutaux pour d'autres, occultant longtemps les innombrables fausses nouvelles, les accusations mensongères, les paroles haineuses, la déstabilisation des institutions, la haine d'une catégorie de la population que ce soient les riches ou les immigrés, les manifestations nombreuses et virulentes menées par les gilets jaunes (en écho des propos de Marine Le Pen) contre le pacte de Marrakech avec au passage des informations délirantes reprises à l'antenne par les porte-parole. Vous trouverez dans cet article et cette vidéo, le fameux direct, dont j'ai parlé plus haut, où le complotiste Fly Rider déclare au factieux Drouet qu'à cause de ce pacte 480 millions de migrants vont envahir l'Europe : https://www.francetvinfo.fr/ vrai-ou-fake/video-pacte-de-marrakech-et-arrivee-de-millions-de-migrants-histoire-d-une-intox_3088045.html

Parmi cette story telling de ce journal, en voilà une belle. Un peu la crèche de Noël. Le titre : *« Ils sont mieux ici que seuls chez eux devant la télé » : un Noël avec des « gilets jaunes »*

Cet article est un reportage aux environ de Fréjus (vote du FN aux alentours de 40 % au premier tour, idem pour Le Muy). Ils sont gentils nos gilets jaunes, solidaires, généreux mais ils trichent quand même un peu : *Ils sont une vingtaine, mais ont été une petite centaine à signer la feuille de présence ce jour-là – précision importante « pour les médias », répète l'assemblée.* Cet article est tout simplement dégoulinant de mièvrerie, de dédouanement des actions violentes (ce n'est pas eux alors qu'un des interrogés est un dur (comme écrit dans l'article) du Muy, là où il y a eu des violences). Cet article aurait été écrit par un journal de droite il aurait eu droit à une volée de bois vert pour son misérabilisme. On nous montre que tout le monde les aime : les chauffeurs routiers ont donné du champagne ou du saumon, de l'argent, et même les gendarmes sont si sympathique avec eux : *La fête promet d'être belle : même les gendarmes sont passés présenter leurs vœux. « Ne vous inquiétez pas, la mitraillette, c'est pas pour vous ! », a lancé l'un deux en riant alors qu'il s'approchait du groupe. Drôle de trêve hivernale dans cette région où les « gilets jaunes » cohabitent avec les forces de l'ordre. Ces dernières semaines, quelques heurts et interpellations ont troublé les relations, habituellement au beau fixe sur les ronds-points. « Bon, ne buvez pas trop quand même », ont ajouté les gendarmes. « Oui, papa ! », ont répondu plusieurs femmes dans l'assemblée.* Le double problème de cet article n'est pas que ce serait faux, mais que c'est présenté d'une part comme si c'était une caractéristique spécifique des gilets jaunes (alors que ce n'est qu'une caractéristique de tout regroupement pour un intérêt commun, et que c'est institutionnel pour les restos du cœur, les petits frères des pauvres, Emmaüs, la Croix-Rouge, le Samu

Social etc., institutionnel et permanent et pour les autres et non pour l'entre soi) et donc comme constitutif de ce mouvement alors que le constitutif est la colère, les taxes, le pouvoir d'achat, la révolte et les fausses informations avec sa violence corollaire. Le second problème est par le fait-même de dédouaner les gilets jaune de toute la violence de ce mouvement. C'est une image d'Epinal. C'est du Jules Ferry. C'est le verre de lait chaque jour pour les enfants de primaire etc.

Voici un autre exemple symptomatique de la présentation *du Monde* des gilets jaunes avec ensuite une réaction ahurissante de la journaliste responsable de cette enquête. Il s'agit de cet article du 15 décembre 2018 :
« Gilets jaunes » : *Arnaud et Jessica, la vie à l'euro près*
Chapeau de l'article : *Ces parents de quatre enfants sont à découvert dès le 15 du mois. Ils racontent leur sentiment de déclassement, et pourquoi ils continuent de lutter au sein du mouvement.*
Le tableau est dressé : *Le jeune homme, au visage paisible et juvénile, nous reçoit chez eux ce mardi 11 décembre. Sa compagne, Jessica, 26 ans elle aussi, a la mine fatiguée et les cheveux en bataille après avoir passé la nuit sur un rond-point avec d'autres « gilets jaunes ». Le couple se relaie depuis trois semaines pour participer au mouvement, jonglant entre leurs quatre enfants et les horaires décalés d'Arnaud.*
Quelques chiffres : salaire 1 493 € (la prime d'activité non incluse), 914 € d'allocations familiales 100 € d'APL 180 € d'aide pour jeune enfant. Loyer stable à 506,74 € (HLM). Prime d'activité passée de 225 € à 163 € et forfait téléphonique

passé par mois pour elle de 5 à 36 et pour lui de 20 à 42. Augmentation du carburant et de l'électricité. L'idée est de comparer maintenant à il y a trois ans. Ils ont par ailleurs un chien, habillent les enfants avec des marques et vont une fois par mois au MacDo. Et ils sont à découvert le 15 du mois. On ne sait pas s'ils ont des abonnements à Canal+, Netflix etc. Si on résume ils touchent d'un côté 1493 + 914 + 100 + 163 soit 2 670 € par mois. Jessica a choisi de ne pas travailler pour s'occuper de leurs quatre enfants qu'ils ont choisi d'avoir. Il ne s'agit pas là de juger leur mode de vie (vêtements de marque par exemple) quoiqu'à la limite quand plus de 50 % des coûts est pris en charge par la société on peut se dire que s'ils font des choix plus dispendieux que d'autres c'est à eux de les assumer et non à la société. Pourquoi dire que les coûts serait financés par la société et non par eux pour plus de 50 % ? C'est simple avec son salaire et quatre enfants ce couple ne paye pas d'impôts sur le revenu. Alors ils payent la CSG et la CRDS. Et lui sur son salaire il paye des charges sociales. De ces charges sociales on va déduire celles pour la retraite puisque c'est pour lui et en cas de décès pour son épouse en réversion lors de celui-ci. À son niveau de salaire, c'est la nation qui prend en charge une partie de celles-ci avec le plafonnement et les réductions diverses et variées. On peut estimer qu'il paye (charges patronales et salariales) moins de 30 % de charges par rapport à son salaire net (déduction faite de la retraite comme dit plus haut). On peut donc dire qu'il gagne donc ou crée par son travail un montant de 1 940,90 €. Venons en à cette tarte à la crème des Insoumis et autre gauche dure qui ne cessent de nous dire que la TVA est le plus injuste des impôts puisque tout le monde la paye, y compris les plus fragiles (expression consacrée). Il y en a même qui, ignorants ou démagogues absolus, nous disent que l'on devrait la payer en fonction de ses revenus. Outre que c'est impraticable, outre que c'est le rôle des impôts sur le revenu de réduire les inégalités et avec une tranche marginale à 45 % il doit sembler à tout un chacun un peu raisonnable que de ne garder que 55 % de ce que l'on gagne n'est pas abusif ni extravagant, ni d'une injustice folle (et peut-être pour celui qui en donne 45 % pour les autres pourrait-il considérer que c'est beaucoup. N'est pas Saint Martin tout le monde), il existe déjà une TVA réduite pour les produits de première nécessité, une autre hyper réduite pour les médicaments, et des actes non soumis à la TVA comme ceux du médecin. Ensuite les personnes aisées achètent des produits à un prix plus élevé pour ne pas dire beaucoup plus élevé et de ce fait payent beaucoup, beaucoup plus de TVA, et la proportion pour eux de la TVA à 5,5 % est faible ce qui fait que le taux moyen de la TVA payée par une personne aisée est nettement supérieur à celui de celle payée par un foyer modeste et de ce fait est donc modulé. Enfin, ce qui échappe totalement à ces discours que c'est qu'une personne qui ne vit que de la solidarité nationale ne paye, lui aucune TVA. Ce n'est pas le produit de son travail qui le fait vivre, mais la solidarité nationale. Et même si c'est brutal de le dire, il est irresponsable et malhonnête de faire croire que c'est lui qui paye. Lui utilise l'argent pour payer, mais le bailleur c'est la solidarité nationale. C'est la solidarité nationale qui paye cette TVA et non le démuni. Cette évidence qui sera vouée aux gémonies par les beaux esprits est une vérité incontournable. Elle ne veut en aucun cas dire que ce qui est donné serait suffisant ou qu'un démuni vivant de la solidarité nationale serait un parasite ou vivrait dans l'opulence. Cela ne veut dire que ce que cela dit : il est faux de dire qu'un démuni vivant de la solidarité nationale paye la TVA. C'est vrai parce que c'est lui qui sort le billet, mais ce n'est pas lui qui l'a gagné. On pourrait alors le présenter autrement : on lui donne un montant additionné de la TVA, et il achète des produits HT plus la TVA. Ce qui compte c'est ce qu'il peut faire avec cet argent. Le débat sur la TVA est totalement faussé pour ces cas ainsi présentés. Si nous reprenons notre couple, nous allons ajouter quelques éléments nécessaires. Avec quatre enfants (le premier à l'âge de 19 ans, ils en ont 26) nous pouvons supposer que deux sont à l'école. Un élève coûte environ 6 000 € par an à la collectivité. Avec 2 cela fait 12 000 € par an, soit 1 000 € par mois. Avec quatre enfants et deux personnes on peut supposer qu'il y a des visites médicales régulières. On peut aussi estimer l'accouchement à 4 000 €. On va faire une cote mal taillée puisque l'accouchement est ponctuel, mais ensuite, n'ayant compté que deux enfants pour le coût scolaire sur quatre, les deux restants, plus âgés, ils vont aussi coûter à la nation 6 000 € chacun. Ajoutons donc pour ces accouchements et les diverses visites médicales annuelles 500 € par mois. Ils ont oublié de nous parler de l'allocation de rentrée. A-il une prime de Noël, un intéressement ? On devrait comptabiliser tout ce que financent les impôts y compris locaux : part subventionnée de la cantine, les routes, les aides diverses, les médiathèques, les voyages subventionnés, les diverses activités à bas coût etc.

Voyons ce que cela nous donne : 1 940,90 € de salaire et de charges, comme il touche 1 493 € sur un total avec les aides de 2 670 il sera responsable de 56 % de la TVA qui elle même devrait tourner autour des 12 % en moyenne (TVA des produits de première nécessité étant à 5,5 %) pour un montant de dépenses de 2 670 moins le loyer soit 2 163 €. Avec 12 % de moyenne de TVA, 55 % de son financement personnel, il reverse à l'état 143 €. En gros donc il fournit TVA et charges comprises 2 200 €. En comparaison il reçoit de la nation au minimum 1 000 + 400 + 914 + 100 + 163 = 2 577 € sans compter les subventions des transports, de la cantine, les routes, les aides diverses municipales, etc. Ou autrement dit il gagne 1 493 € la nation complète pour vivre éducation des enfants et soins compris par au minimum 2 577 € dont il finance par la TVA et les charges sociales un peu plus de 600 €. Alors que *Le Monde* m'excuse, peut-être considèrent-ils que leur situation n'est pas florissante mais quand la Nation finance plus d'une fois et demi son salaire, donc quand la solidarité nationale s'exprime et d'autant plus celle des riches puisqu'eux ne payent pas d'impôt sur le revenu, que lorsqu'ils font un choix de vie (vêtements de marque, un chien) que leur gestion laisse à désirer (aujourd'hui avec un abonnement Internet à free on a le droit à un abonnement cellulaire à débit illimité à 16 € pour le premier et à 20 € pour le second soit en somme une économie de 42 € par mois ce qui couvre largement l'augmentation de électricité qui est moitié moindre). Du reste fument-ils ? Et ceci pour l'abonnement le plus haut chez free, non un abonnement au rabais. Ensuite si on est à découvert au moins pour un moment on peut peut-être se priver d'avoir Internet sur son téléphone portable et de n'avoir que du téléphone. Et là avec free (et même il y a aussi des data) on a un abonnement à 2 € et un autre à 0 € soit une économie de 76 € - et là aussi excusez-moi de dire que ce couple n'est pas exempt de la responsabilité de sa gestion et de ses choix -, donc quand bien même leur situation n'est pas extrêmement confortable, ils ne sont pas dans une favella, ils ne peuvent en aucun cas être considérés comme miséreux et enfin on ne peut accuser la nation de ne pas être solidaire. Comme on l'a vu s'apitoyer sur des couples pauvres, on le peut, s'apitoyer sur un couple dont la situation dépend de ses choix est indécent. Rendre responsable la nation, la considérer comme inhumaine quand elle donne à ce couple des sommes ou des services très importants est scandaleux. On peut toujours discuter du curseur de la générosité. Peut-on, sans être totalement outrancier et parfaitement injuste, démagogue, que de fournir plus d'une fois et demi à ce couple que le seul qui travaille rapporte au foyer, considérer que cela démontre l'injustice sociale en France ? Démontrer l'injustice par un couple qui gagne 100 et à qui on donne 150 est monstrueux de parti pris. Dans cette histoire ce n'est pas le couple qui est en cause en tant que tel, pour lui ce qui est en cause c'est que ce sont les conséquences de leur choix plus que la faute de la société qui les mettent dans une position délicate, c'est la volonté *du Monde* de faire du misérabilisme spectaculaire avec un cas qui ne le mérite pas. C'est de nous présenter encore et encore une facette de ce monde des gilets jaunes comme les damnés de la terre.

Outre le fait que comparer une situation à trois ans d'écart est sujet à caution car entre temps soit un enfant de plus est arrivé, soit sans cela les enfants ayant grandi, les dépenses ont augmenté, il y a un point qui n'est pas évoqué ici et qui démontre combien tout ceci est fallacieux. On l'a vu ce couple générant 100 (charges et TVA compris) de ressources en touche 150 de la solidarité nationale. Cependant dans cette équation il manque ce point très important dont on doit parler : les autres financements de la nation : de la démocratie, de la culture, de la recherche, de la défense nationale, de la sécurité, de la justice, de la représentation à l'étranger. En gros tout ceci n'est en rien financé par ce couple. Il faut bien pourtant qu'une mairie fonctionne, que les élus soient élus et rémunérés, que donc le conseiller départemental, le régional, le député de leur circonscription doivent être financés. Les institutions aussi, la prévention, enfin tout ce qui touche le financement public hors éducation et santé puisqu'on en a parlé et on les a intégrés. Ceci représente des centaines de milliards d'euros financés par les impôts et taxes, et vu que nous avons comptabilisé tout ce que ce couple touche et redonne à la nation, la simple conclusion est qu'il ne donne rien du tout en plus pour le fonctionnement de la nation dans laquelle ils vivent et ce fonctionnement est rémunéré donc d'évidence par les autres. On n'est, dans ce cas, plus à 150 pour 100 mais combien de plus ? 100 ? 200 ? Et ce couple profite de la démocratie, si nécessaire de la police et de la justice, de la prévention, de la recherche, et peut-être du sport, de la culture.

Mais cela n'est pas fini. La journaliste se sentant attaquée par son article partial et larmoyant, a contrattaqué de façon assez abjecte. Dans un article du 20 décembre 2018 au titre de *Pourquoi le quotidien d'un couple de « gilets jaunes » dérange une partie de nos lecteurs*, elle ne va pas se remettre en cause mais insulter par sociologues interposés ses lecteurs. Je me demande si c'est du déjà vu : une journaliste, avec l'accord du comité de rédaction, attaquant violemment ses lecteurs. Le titre est passablement faux dans le sens où ce n'est pas une partie des lecteurs mais une immense majorité des lecteurs et aussi parce que ce n'est pas le couple qui est remis en cause seulement (et là c'est le double fait qu'ils sont responsables de leur choix et aussi parce qu'ils en accusent les autres) mais également la journaliste elle-même qui donc évacue sa propre responsabilité de journaliste et fait comme si elle n'était pas concernée. Dans le début de l'article elle reconnaît que c'est une immense majorité des commentaires mais rapidement elle sort un contre-feu : *« Si l'article était paru dans la presse locale, cela n'aurait pas suscité de réaction, car c'est ce que les gens vivent. Il décrit simplement le quotidien d'une famille populaire, observe Louis Maurin, directeur de l'Observatoire des inégalités. Ceux qui sont choqués sont issus des classes supérieures* [surreprésentées parmi les lecteurs du Monde]. *Cela relève d'une haine sociale et d'un mépris de classe ».* Cette intervention est tout simplement scandaleuse. Ce sociologue (puisqu'il est directeur d'un observatoire des inégalités) se permet deux affirmations sans aucune preuve ni analyse scientifique. La première est de dire que si c'était dans la presse locale cela n'aurait pas eu un tel impact et cela n'aurait été considéré que comme une simple description du quotidien. Il fait un jugement de valeur des lecteurs des quotidiens locaux. Est-il allé lire les commentaires sous les articles de la presse locale pour faire une telle affirmation ? Certes certains auraient jugé que c'est un reflet de leur quotidien, cela veut-il dire que d'autres, du même quotidien mais gérant leur vie différemment n'auraient pas réagi comme les lecteurs *du Monde* ? Son affirmation est péremptoire, sans preuve et insane. Il va plus loin car il continue par le jugement de valeur, sans savoir qui a écrit il donne cette stupéfaction affirmation : *Ceux qui sont choqués sont issus des classes supérieures. Cela relève d'une haine sociale et d'un mépris de classe.* D'abord il n'a aucun moyen - n'a eu certainement pas le temps de le trouver - de savoir qui sont tous ceux qui ont fait des commentaires. Les dénoncer (car c'est ainsi qu'il faut le prendre) comme choqués seuls ceux issus des classes supérieures est invraisemblable et serait considéré comme une faute professionnelle grave dans tout laboratoire de recherche. Ensuite il leur associe, sans étude spécifique, par une accusation grave issue tout droit du bon petit livre stalinien : la haine sociale et le mépris de classe de ces lecteurs ! De quel droit ose-t-il faire une telle affirmation ? Jusqu'à preuve du contraire ce sont Marx puis les bolcheviques qui ont lancé la mode de la haine de classe. Ce qui est aussi invraisemblable c'est que la journaliste cite ce commentaire d'un lecteur du *Monde* : « *Désolé, mais je n'arrive pas à comprendre, écrit l'un d'eux. Revenu total : 2 700 euros. Loyer + électricité : moins de 600 euros. Ça fait donc plus de 2 100 euros pour faire vivre 2 adultes + 4 jeunes enfants. Moi aussi je regarde les prix et il n'est pas compréhensible d'être à découvert dès le 15 du mois.* » Et si vous lisez bien, cette personne dit : *Moi aussi je regarde les prix.* Cela implique que cette personne n'est pas riche, cela implique que l'analyse voulant faire croire que ces commentaires ne viennent que de la classe supérieure est mensonger. Et cela continue, on demande à une autre sociologue d'enfoncer le clou : « *Il y a dans ces commentaires un rapport de classe très fort, analyse Mme Lazarus. C'est une façon de dire : "Nous, nous savons bien ce qu'il faut faire avec l'argent, car nous en avons plus, et ne faisons pas n'importe quoi."* » Et qui est haineux ? Et si nous reprenons le commentaire plus haut, celui qui critique ne critique pas parce qu'il est capable de dépenser plus et donc qu'il sait mieux qu'eux mais parce qu'il doit dépenser comme eux et qu'effectivement il fait d'autres choix de vie. Et voici une preuve qui contredit totalement ce sociologue, contredit ses deux arguments : a- que si cela avait été un journal de province cela n'aurait pas suscité la moindre réaction et b- que ce sont des salopards de bourgeois qui n'ont que mépris de classe. Ce qui est écrit dessous est titré d'un journal de province *La Nouvelle République* (Indre, donc ni Neuilly, ni les Alpes Maritimes, ni Le Touquet) du 7 décembre 2018 et la personne qui parle ne gagne que 800 € par mois et son mari que 2 000 € en additionnant sa retraite et un travail :

« C'est un mouvement que l'on m'a imposé, dès le départ. Les Gilets jaunes portent atteinte à ma liberté de circuler. C'est comme une dictature au quotidien, que je vis mal, explique Agnès. Je trouve qu'on en fait beaucoup trop sur eux, les médias notamment, alors qu'ils sont moins nombreux qu'on veut le faire croire. J'ai vu sur un article de presse le lien vers le groupe des Foulards rouges, je l'ai rejoint spontanément. » Elle porte désormais le message du groupe : « Nous sommes apolitiques et nous sommes une entité nationale, on ne souhaite pas se disperser. Nous revendiquons une cohésion citoyenne, dans un pays libre, qui respecte l'ordre. Nous sommes pacifistes, nous n'avons pas prévu d'action particulière, mais déterminés à réclamer la libre circulation et le droit de travailler ». Dans le fond, Agnès peut comprendre les revendications des Gilets jaunes, mais elle reste dubitative sur la baisse des taxes : « Je m'inquiète quant à toutes ces suppressions. Si l'argent n'est pas récupéré de cette façon, il le

sera d'une autre ». Loin de se considérer comme une privilégiée, Agnès touche 800 € de retraite. Son mari est sorti de sa retraite pour travailler, il touche moins de 2.000 € en tout. « Parmi mes enfants, certains sont au Smic. Et personne dans mon entourage ne porte de gilet jaune. Chez nous, on retrousse nos manches et on travaille. On n'attend pas tout de l'État. Quand je vois ce Barnaba, payé 2.600 € par mois à ne rien faire, je trouve cela ubuesque. »

Ce second article d'attaque contre les lecteurs est inouï, procède d'une vue totalement idéologique des réactions, va chercher deux experts engagés qui vont conforter la journaliste dans son opinion et qui fait que, finalement, pas une seconde elle ne se remet en cause. Je vous conseille d'aller lire les commentaires en bas d'article. Vous pourrez ainsi vous en faire une idée et une des commentateurs. Et s'il est vrai qu'il en y a de méprisants pour ce couple, la plupart est une remise en cause non des choix de ce couple mais du fait de s'en plaindre, ce qui est totalement différent. C'est ici : https:// www.lemonde.fr/societe/reactions/2018/12/20/pourquoi-le-quotidien-d-un-couple-de-gilets-jaunes-derange-une-partie-des-lecteurs_5400408_3224.html

Il faut revenir à un point déterminé par les statistiques mondiales qui est la définition du pauvre monétaire qui est de 60 % du revenu médian : *Avec ses 2 687 euros de revenus, aides incluses, la famille de Jessica et Arnaud se situe pourtant juste en dessous du seuil de pauvreté, fixé à 2 770 euros pour ce type de famille, selon l'Insee. « A titre de comparaison, le revenu médian, pour un foyer de deux adultes et quatre jeunes enfants, est de 4 300 euros, rappelle Louis Maurin. On est donc très loin des revenus de ce couple. Mais les gens ne se rendent pas compte des niveaux de vie de la population française. »*

Voilà une réflexion typique d'un spécialiste qui se réfère à un chiffre sans recul réel, sauf celui des méchants riches qui ne voient rien. Du reste peu importe d'où vient ce méchant riche (d'une classe pauvre, modeste, qui donc a déjà vécu ces situations et qui sait) ni comment il est devenu aisé (dix ans sans vacances, travaillant 60 heures par semaine, prenant des risques, réinvestissant ce qu'il gagnait par exemple, donc une personne qui n'a volé personne et mérite ce qu'il gagne). Cette définition absurde de la pauvreté monétaire n'a aucun sens dès que l'on y réfléchit une seconde. En 30 ans le revenus médian en euros constants dont on parle finalement en pouvoir d'achat, a pris 55 % Ce qui veut dire avec un exemple chiffré s'il y a 30 ans le revenu médian était de 100 le seuil monétaire de pauvreté était de 60, donc 60 de pouvoir d'achat, 20 ans plus tard on passera à 155 soit 93 de seuil de pauvreté. Comment peut-on être encore pauvre à 93 alors qu'on a presque rejoint le pouvoir d'achat médian d'avant et alors qu'on était pauvre à 60 ? Personne ne peut trouver de sens à cette définition. Elle a l'immense avantage pour les idéologues d'asseoir leur discours sur un fait non justifié. Le seuil de pauvreté devrait être défini par le seuil en-dessous duquel on ne puisse ni se loger, s'habiller, se nourrir, se chauffer ni s'éclairer, ni avoir un minimum de communication ni de pouvoir de déplacement. On parle bien là de pauvreté et non de minimum de confort. Si ce seuil était défini correctement en adjoignant d'autres seuils, les choses seraient différentes. Il y aurait bien sûr toujours des idéologues pour dire que c'est un moyen de mettre sous le tapis les classes comprises entre les pauvres et les confortables, mais cela existe cela s'appelle les classes modestes. On transforme peu à peu une partie des classes qui sont modestes en classes pauvres augmentant de façon biaisée la perception des injustices dites sociales. Ce couple n'est de toute évidence absolument pas pauvre. Quand on peut s'habiller avec des marques, que l'on a un chien, des abonnements téléphoniques hors de prix quand il existe pour les mêmes prestations des abonnements quasi à moitié prix, non ils ne sont pas pauvres. Ils sont modestes, proches du confort. Et pour y revenir où est le bon curseur ? Recevoir 1,5 fois en solidarité nationale de ce que l'on gagne et paye en impôts, taxes et charges sociales, est-ce absolument indigent ? Rien du tout ? Des miettes ? La réalité est que la France est un des pays au monde le plus solidaire et que l'on confond les excès des extrémités à corriger par l'immense masse du reste. Ce n'est pas parce qu'il y a des chefs d'entreprise qui gagnent des sommes indécentes (tout comme ces chroniqueurs de gauche ultra - les Miller, Garrido [à 1 800 € par émission chez l'ennemi Bolloré (C8) et ses 32 000 € de cotisations sociales d'avocate non payées et pourtant encaissées, son HLM qu'elle a eu du mal, avec Corbières, à quitter, les subventions de l'ANAH, ses déclarations comme quoi la manifestation était réussie alors que l'émission est enregistrée et qu'elle n'aura lieu que 48 heures plus tard etc.] et Cie) qu'il y a des chanteurs, des artistes, des footballeurs aussi rémunérés de façon ahurissante, qu'il y a une frange de la population très pauvre, qu'il faut en faire un peinture unique de la France. Ceux qui veulent renverser la table bénéficient de la solidarité nationale, et s'ils n'ont pas une vie dont ils rêveraient, on voit mal comment en cassant, bloquant l'économie, il y aurait une adéquation entre leurs aspirations et le moyen de les réaliser. On voit surtout journalistes et politiques jeter de l'huile sur le feu, faire des reportages biaisés, diffuser l'idée par pouvoir d'achat interposé qu'ils sont les damnés de la terre sans tenir compte ni de l'évolution depuis 50 ans, ni si l'évolution à l'avenir est possible au même rythme, ni ce qu'il se passe ailleurs, ni ce que l'économie permet, ni la prise en compte de la crise de 2008, tout ça en prenant des exemples extrêmes comme 4 milliards d'ISF (pour des riches, ce qu'il ne faut pas oublier, payent par ailleurs des impôts et la majorité d'entre eux) quand on en redistribue 745 milliards.

Pour clore ce chapitre sur les inégalités, la casse sociale, l'injustice fiscale, la France pays de miséreux voici quelques informations qu'il est bon de connaître. Un article du *Figaro* du 18 février 2019 nous apprend que 10 % des foyers les plus riches s'acquittent de 70 % des impôts sur le revenu (!) et 52 % de tous les impôts directs soit 130 des 250 milliards de 2017 et les 1 % les plus riches payent 1/3 des impôts et les 30 % payent près de 80 % des impôts alors que plus de 50 % n'en payent pas. Qui va oser dire qu'il n'y a pas, en France, une répartition des richesses par l'impôt ? Qui oserait dire que les riches ne payent pas assez ou peu ? Pour continuer, dans une entrevue au *NouvelObs d*u 24 février 2019, Winnie Byanyima, directrice d'OXFAM (donc supposée une spécialiste des inégalités dans le monde) dit ceci de la France : « Le modèle social français a prouvé qu'il fonctionnait bien. Le niveau des inégalités y est stable. La plupart des gens ont accès aux soins, à une bonne éducation. C'est un succès. Nous espérons que la France réussira à conserver ce modèle. Ce n'est pas le moment d'inverser la tendance. » Ce n'est plus une pierre mais un rocher dans le jardin de LFI, des media. Et pour terminer voici un graphique édifiant, qui confirme ce que dit ce livre à savoir qu'il faut regarder autour de soi, qu'il y a plus de 200 pays dans le monde, des régimes politiques économiques divers et que c'est en rapport de cette globalité qu'il faut se positionner. Ceci est tiré d'une tribune dans *The conversation* par Speranta Dumitru, maître de conférence en sciences politiques à l'université Paris Descartes.

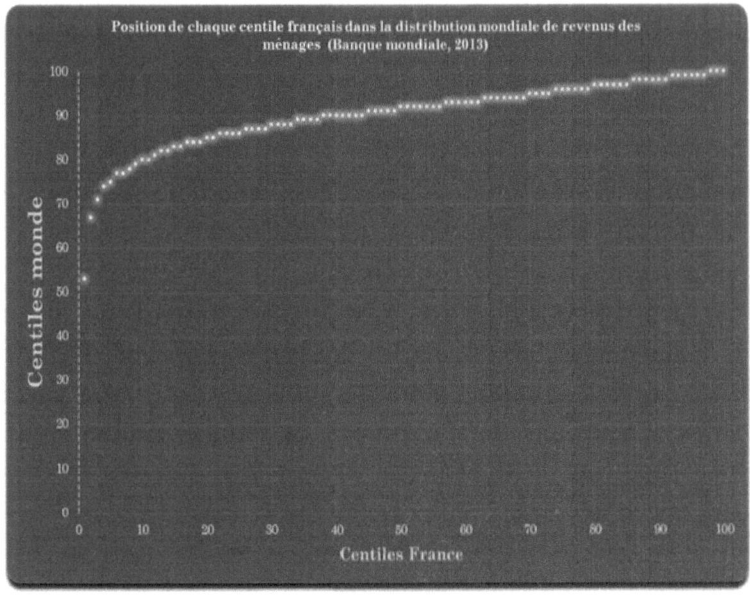

Pour la France, les données de la Banque mondiale montrent que 62% des Français appartiennent aux 10% les plus riches du monde. Si l'opinion publique s'intéressait plus aux Français pauvres, elle regarderait, par exemple, le premier point à gauche : ce sont les 1% les plus pauvres. Elle s'étonnerait alors

que malgré leur position, plutôt à l'écart du reste de la distribution nationale, personne ne s'en soucie. Avec leur position proche du milieu de la distribution mondiale, leur pouvoir d'achat ressemble à celui de la classe moyenne mondiale, dont la plus grosse partie vit en Chine. Au-dessus des 3% les plus pauvres en France, la situation s'améliore rapidement, de sorte que 97% des Français appartiennent aux 30% les plus riches du monde. Puis, 90% des Français font partie des 20% les plus riches au monde. Donc les 1 % les plus pauvres en France font partie des 47 % les plus riches au monde et au-delà des 3 % ce sont donc 97 % qui appartiennent au 30 % les plus riches au monde. Cela relativise grandement la connotation misérabiliste des articles de la presse française, et montre que la France dans le contexte mondial fait plutôt bien mieux que le reste du monde pour les plus démunis et globalement se situe bien en haut du panier.

Ce mouvement est devenu tellement obsédant pour *Le Monde* qu'il va jusqu'à faire un reportage photos lors du 31 décembre aux Champs-Élysée. Alors qu'ils ne sont que 200 sur 300 000 personnes, alors que c'est le nouvel an qui arrive, on glorifie encore ces anonymes sans autre intérêt que de porter une chasuble jaune : https://www.lemonde.fr/societe/portfolio/2019/01/01/nouvel-an-2019-les-champs-elysees-des-gilets-jaunes-au-feu-d-artifice_5404076_3224.html

Du reste ce n'est pas le seul journal. Après les vœux du président on interroge tant des anonymes gilets jaunes que leur porte-parole. De quel droit ont-ils plus la parole que d'autres citoyens qui leur sont opposés et que n'est donnée la parole qu'à des Mélenchon, Le Pen, Wauquiez et personne du gouvernement ou de LREM ou si peu. Des gilets jaunes qui mobilisent 200 personnes aux champs-Élysée le soir du réveillon du nouvel an, ont droit à autant de temps de parole et même plus que le responsable de LREM parti qui domine l'Assemblée Nationale car les Français en ont élus les députés avec des millions de voix ? Sur le site du *Figaro*, l'image qui trône pour ce réveillon est une photo des gilets jaunes ! 200 personnes sur 300 000, soit 0,066 % des présents et ce sont eux qui font la photo ! On délire complètement.

Pour continuer avec *Le Monde*, je ne peux passer à côté de l'affaire de la couverture du 29 décembre 2018 de leur magazine *M Le magazine du Monde*. Elle a fait un début de scandale obligeant des mea culpa besogneux de la rédaction. Autant le dire tout de suite je ne partage absolument pas les critiques voulant faire croire à un complot de ce journal contre Macron et avoir voulu le comparer à Hitler. Je ne sais pas si, en fin de compte ce n'est pas aussi grave, mais pour d'autres raisons. Comparer Macron à Hitler, à part pour les black blocs, les affolés les plus durs des Insoumis, personne n'y pense. Avant d'aller plus loin voici deux images qui parlent d'elles-mêmes. Vous verrez à gauche un montage de Lincoln Agnew illustrant un article sur Hitler en juillet 2017 dans le *Harper's Magazine*. La seconde *du Monde* est l'œuvre Jean-Baptiste Talbouret.

Le premier problème est celui du plagiat. Cela est donc d'un autre domaine et sort du cadre de ce livre. Le deuxième problème est que la présentation avec le M gothique, les couleurs (doit on rappeler que le symbolisme nazi avec la croix gammée est rouge et noir) ne peuvent pas ne pas sauter aux yeux de ceux qui ont laissé passer cette couverture. Et si cela ne les a pas frappés c'est qu'ils sont en-dessous de tout. On ne parle pas là d'illettrés (chers à Macron) on parle de journalistes. Quel journaliste même en début de carrière peut-il ignorer le nazisme et ses symboles ? C'est donc une faute extrême tant de l'illustrateur que de la rédaction et de la direction de publication. C'est donc grave. Ce qui est grave aussi c'est que c'était pour illustrer un article sur Macron. Cela peut dénoter un inconsciente volonté de marquer par l'image Macron comme une dérive autoritaire, ce qui est une manière politique et non objective de voir les évènements.

révolution et jusqu'à couper des têtes. On peut penser que cette couverture est une sorte de reflet des pensées mélenchonistes qui soutiennent un Drouet lui-même se représentant sans doute comme un Danton moderne, lui-même comparé, ayant fasciné Mélenchon qui ne sait plus où il habite, à son homonyme qui a reconnu Louis XVI à Varennes et qui, député a voté sa décapitation, sans procès juste, sans recours, et a poursuivi dans la terreur. N'oublions pas que son acolyte Fly Rider a appelé quasi aux armes et se réfère à la révolution de 1793 celle qui fit un million de morts.

En met[...] peux faire comme *Le* [...]al a voulu faire croire que Marcon était une sorte d'Hitler en me disant que finalement je ne vois pas comment mon rapprochement pourrait être faux si ces journalistes eux n'ont pas vu le leur comme potentiellement dangereux. Vous voyez, ils ont le même regard, le visage tourné dans la même direction. Je veux monter par là que c'est plus qu'une erreur journalistique c'est une faute grave. Si j'étais le complotiste Nicolle je pourrais dire qu'en fait c'est une fausse naïveté, faire croire de n'avoir rien vu, présupposer que justement c'est tellement gros que personne ne voudra y croire et ainsi faire passer quand même un message. Si moi je dis ça, c'est une horde qui m'écharpe, mais quand les Drouet et autre Rider sortent des dizaines d'énormités, on continue à relayer leurs infos, à en faire des héros.

Cela ne s'arrête pas là car *Le Monde* pris dans sa faute a voulu se dédouaner (du plagiat ce sera difficile, cela aurait été un hommage si le premier illustrateur avait été cité) en disant que c'était une couverture à partir de la symbolique des Constructivistes du début du XX^è siècle en mettant des images pour illustrer le propos, images fort peu convaincantes d'ailleurs. Le prétexte serait qu'ils utilisaient le rouge et le noir (Stendhal au secours *du Monde*, pas mal, non ?). Mais c'est tomber de Charybde en Scylla car les Constructivistes sont des artistes activistes et propagandistes sous le règne des bolcheviques. Ce n'est donc pas plus glorieux que d'utiliser les symboles des suppôts d'un pouvoir tyrannique et meurtrier.

Encore un avant dernier, un titre des 14 et 15 décembre 2018 dont personne ne pourra contestée la malhonnêteté et prouvant que la rédaction manque absolument d'éthique : « *Gilets*

jaunes » : vingt-quatre photographes et journalistes veulent porter plainte pour violences policières
Chapeau :
Le gouvernement avait appelé journalistes et photographes à effectuer des signalements à la suite de nombreux témoignages d'altercations violentes avec la police lors de la manifestation du 8 décembre.

Si on comprend le titre il y aurait 24 plaintes prêtes à être déposées contre la police lors des manifestations des gilets jaunes. Dans le corps du texte on apprend deux choses l'une est qu'il y aurait au moins 8 plaintes avec utilisation d'arme (ayant lu le courrier pourquoi ne pas donner le détail) et que ces plaintes rassemblent aussi des plaintes depuis avril 2016 (là aussi pourquoi ne pas donner le détail). Une remarque à faire c'est que Catsaner a incité à porter plainte et à traiter avec sévérité les coupables : *« Lorsque il y a une bavure, elle doit être sanctionnée. C'est ce que je rappelle aux forces de l'ordre régulièrement : nous avons un devoir d'exemplarité ».* Une autre est de dire qu'il y a eu 1 000 blessés parmi les forces de l'ordre et peut-être 1 500 arrestations. Des centaines de milliers de policiers, des millions interventions en six semaines, comment aurait-il été possible que des journalistes n'aient pas subi les conséquences ? 24 qui ne sont donc pas toutes lors de ces manifestations. C'est assez peu. Il y en a peut-être qui n'ont pas porté plainte. Et il faut aussi, pour une saine justice, que l'on attende qu'elle passe et savoir quelles étaient les circonstances. Ceci dit il est évident qu'il est impossible d'éradiquer totalement la violence du fait de la police car étant donné leur nombre, la fatigue, les attaques subies, personne ne peut garantir la fiabilité à 100 % pendant 100 % du temps du comportement d'un policier. Et donc il peut y avoir des bavures. Mais un tel article présente les bavures comme pain quotidien (dans le corps du texte) et une volonté délibérée de frapper la presse. En gros Macron pas loin de diriger des milices anti-presse. Ils doivent confondre avec le Venezuela.

Il faut bien s'arrêter à un moment ou à une autre, ce sera donc le dernier article étudié. Un article qui a de lourdes responsabilités. C'est celui du 3 janvier 2019 à la suite de l'arrestation de Drouet : « Gilets jaunes » : *sorti de garde à vue, Eric Drouet sera jugé le 15 février*
Chapeau
Son arrestation mercredi soir pour « organisation d'une manifestation sans déclaration » avait suscité l'indignation de ses sympathisants.
Dans cet article (en collaboration avec l'AFP) on apprend que Drouet a appelé à manifester : *« Ce soir, on ne va pas faire une grosse action mais on veut choquer l'opinion publique. Je ne sais pas s'il y en aura qui seront avec nous sur les "Champs" (...) On va tous y aller sans gilets. »* Vous noterez qu'il dit vouloir choquer l'opinion public, que ce sera sans gilets (sic) et ce sera sur les « champs ». Le lieu est défini, la volonté de choquer aussi, et celle de se dissimuler également. *Le Monde*, ne reprend pas une autre information pourtant connu quand il y a une mise à jour de l'article le 4 janvier au matin qui est celle-ci (*Libération*) : *Une manifestation légale, selon Drouet. L'idée ? Prouver que la police allait les en empêcher, ce qui constituerait, à ses yeux, la preuve d'un Etat liberticide.* Ailleurs on dit plus clairement qu'il voulait se faire arrêter pour passer pour un martyr. *Le Monde* nous donne une autre

information : *Le chauffeur routier de 33 ans, qui ne revendique pas représenter le mouvement des « gilets jaunes », avait été interpellé dans la soirée de mercredi, à Paris, pour « organisation d'une manifestation non déclarée » après être venu, avec une cinquantaine de personnes, déposer des bougies place de la Concorde, en soutien aux dix morts et aux blessés du mouvement social.* Cette information de l'avocat, n'a pas été reprise par la suite ni-même par Drouet lui-même après sa garde-à-vue. Il faut faire le métier que ne fait pas *Le Monde*, c'est-à-dire tout simplement chercher touts les informations et non seulement venant de l'AFP ou de Drouet. Et ce manque absolu de professionnalisme est une des causes de l'importance de ce mouvement, et comme nous le verrons de la détestable affaire Benalla, détestable à cause de Benalla, détestable à cause du manque total d'éthique et de professionnalisme de ce journal. Donc en faisant leur métier on trouve ceci qu'a trouvé le *NouvelObs* : *C'est bien pour organisation d'une manifestation sur la voie publique sans autorisation, à la fois pour celle du 22 décembre et celle du 2 janvier, que le procureur de la République a décidé de poursuivre le chauffeur routier. Une convocation lui a été délivrée jeudi 3 janvier. Il devra se rendre le 15 février devant le tribunal correctionnel de Paris, a fait savoir le parquet de Paris par le biais d'un communiqué :*

"Mercredi, à 21h05, M. Eric Drouet a été interpellé après avoir appelé sur les réseaux sociaux à se rassembler à Paris 8e. Il se trouvait d'abord sur les Champs-Élysées puis se rassemblait avec une centaine de personnes rue Royale. En dépit des sommations faites par le chef du dispositif d'ordre public de la direction de l'ordre public et de la circulation, il se maintenait

sur la voie publique. Les investigations conduites tant sur les faits du 22 décembre 2018 lors d'une manifestation précédente que sur ceux du 2 janvier 2019 font apparaître qu'Eric Drouet était l'un des organisateurs des rassemblements. Les deux procédures de manifestation illégale ont été jointes ce jour et sur instruction des procureurs travaillant sous la houlette de Rémy Heitz, procureur de Paris, une convocation par officier de police judiciaire lui a été délivrée pour le rendez vous du 15 février. » Comme vous pouvez le lire non seulement il n'est pas question de la place de la Concorde, mais bien des Champs-Élysée, que l'arrestation n'est pas arbitraire mais après des sommations et enfin qu'il n'étaient pas 50 mais 100. Pourquoi cette absence d'information *du Monde* et des autres media sur les circonstances réelles de son arrestation est-elle très grave ? Elle l'est car cela permet aux Mélenchon, Le Pen, Dupont-Aignan et autre Morin de beugler, à tous les supporters de Drouet de se déchaîner sur les réseaux sociaux et dans les commentaires, de mettre à mal le pouvoir alors qu'il a agi en toute légalité quand Drouet l'a fait en toute illégalité. Dans ce jeu-là le journal a une terrible responsabilité : manque de professionnalisme, manque d'éthique, influence néfaste sur les événements. Et pour couronner le tout, la déclaration de ce Drouet montre tout à la fois la lâcheté et un esprit combinard de petit voyou : *"Il n'y a pas eu d'appel" à manifester hier [mercredi, NDLR], a-t-il martelé. "Ce n'est pas moi, c'est une page, il y a mon nom inscrit nulle part et, malgré ça, on essaie de nous mettre sur le dos des inculpations. On essaie de nous mettre l'organisation d'une manifestation non déclarée, alors que là, ça n'avait rien d'une manifestation, c'était un rendez-vous au restaurant. On en est très loin."*

"C'est très énervant qu'on puisse même pas circuler dans la rue librement", a encore jugé Eric Drouet : *"On avait tout respecté du début à la fin [...] malgré ça, on a été interpellé.* » En quelques mots c'est à vomir. Et on va le croire l'aficionados de Wallerand de Saint Just ? Pas appelé à manifester ? Un rendez-vous de 100 personnes pour aller au restaurant dans un des quartiers le plus chers de Paris pour des miséreux ? Il n'a même pas eu l'intelligence de dire MacDo le factieux. On a aussi appris qu'il avait organisé tout cela pour se faire arrêter comme dit plus haut, là où il devient une petite ordure c'est que par la voix de son avocat, relayée par *Le Monde,* il a fait croire que c'était pour mettre des bougies en l'honneur des victimes (morts et blessés) gilets jaunes. Il a donc osé utiliser la souffrance des victimes et de leur famille pour piéger le pouvoir. Et le fait qu'il ait tout préparé confirme son état d'esprit de factieux et fait, en somme, bien cocus tous ceux qui ont pris sa défense d'arrestation illégitime car elle était donc légitime car tout ayant été fait pour être arrêté. Mélenchon doit l'avoir mauvaise, lui qui est fasciné par ce voyou. Voici, plus bas, ce qui met à bas tous les arguments contre le pouvoir et démontre à quel point Drouet est une crapule. Dans ce que vous lirez vous verrez qu'il est pas si bête à dire que c'était illégal (ce qui l'était et on a vu qu'il y avait eu des sommations avant de l'arrêter et ce texte éclaire donc son attitude). *France Inter* du 4 janvier 2019 :

Voici un échange dans ce Facebook live qui dure 32 minutes :

Question : "Tu penses qu'ils font exprès de te mettre en garde à vue juste pour attirer la haine du peuple ?"

Eric Drouet : "C'est plus nous qui avons fait ça pour en arriver là, mercredi dernier on savait qu'ils ne voulaient pas qu'on le fasse, même si c'était autorisé, voire légal, on a joué de ça cette semaine, on voulait montrer au reste des Français qu'on n'était pas libre."

Dans un autre échange, voici ce qu'il dit :

Question : "Bravo, t'as bien mis le gouvernement dans ce piège, si c'était délibéré, beaucoup de médias ne font que parler de toi."

Eric Drouet : "On avait déjà invité les principaux médias libres, y avait RT, Brut, Vincent Lapierre je ne sais pas s'il était là ou pas, y avait LCI, pour l'image que ça renvoie c'était impeccable. (...) Il faut jouer des médias comme eux ils arrivent à jouer des médias de nous. (...) C'était la monnaie de leur pièce. Il va falloir trouver d'autres idées comme ça".

Dans un autre extrait, il dit que les autorités "sont complètement rentrées dans le jeu". Et il ajoute peu après : "Le coup de com', je crois qu'on l'a fait là. C'était sous peine d'aller 24h en garde à vue mais franchement c'était deux fois ce que j'attendais.". À la fin du Facebook live, il déclare : "Plus t'es médiatisé, plus c'est sympa pour ces actions-là".

Un mot encore, de moindre importance, mais qui participe au chaos actuel, et dont la presse par une incapacité coupable et par volonté de dramatiser a fait une sorte de petit cheval de bataille : le prélèvement à la source. Vous verrez dessous un petit graphique que je me suis amusé à faire pour comparer trois situations : paiements par tiers, mensualisation et enfin prélèvement à la source. Il s'agit bien sûr des impôts sur le revenu. J'ai divisé l'année en 24 (tous les quinze jours) et j'ai considéré de façon simple : 10 de revenus mensuels payés en fin de mois et 12 d'impôts annuels (10 %). C'est valable quels

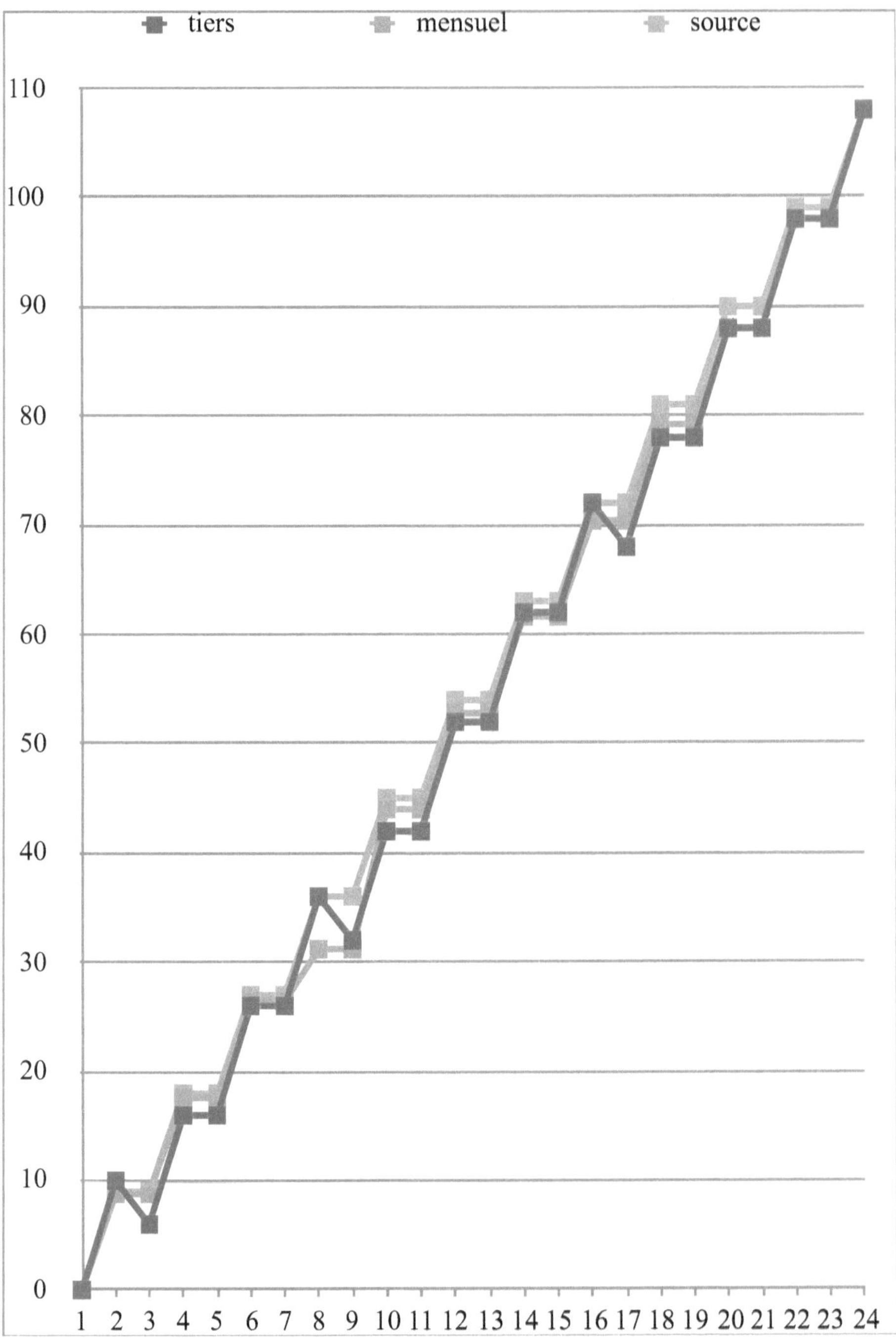

tiers
mensuel
source

Quinzaine	tiers	mensuel	source
1	0	0	0
2	10	8,8	9
3	6	8,8	9
4	16	17,6	18
5	16	17,6	18
6	26	26,4	27
7	26	26,4	27
8	36	31,2	36

Quinzaine	tiers	mensuel	source
9	32	31,2	36
10	42	44	45
11	42	44	45
12	52	52,8	54
13	52	52,8	54
14	62	61,6	63
15	62	61,6	63
16	72	70,4	72
17	68	70,4	72
18	78	79,2	81
19	78	79,2	81
20	88	88	90
21	88	88	90
22	98	98	99
23	98	98	99
24	108	108	108

Les chiffres du tableau ci-dessus confirme le graphique. À partir du 15 février, le prélèvement à la source laissera mensuellement plus de disponibilité que les deux autres systèmes (bien sûr à situation identique). Je dois vous dire que je ne suis pas favorable à ce système de prélèvement à la source et que pour moi il aurait été mieux d'obliger au prélèvement mensuel, tout simplement pour deux raisons : 1- ce n'est pas aux entreprises d'être collecteur d'impôts avec en plus l'inconvénient d'un surcoût tant ponctuel pour la mise en place que dans la durée, avec tous les risques inhérents aux faillites, manque de trésorerie etc. Tout comme les problèmes pour toutes les autres catégories de personnes qui ont un revenu : indépendants, mandataires, profession libérale etc. 2- pour une raison de confidentialité, il n'y a aucune raison qu'une entreprise sache quel est le montant de l'impôt de tous les revenus d'un employé.

Quoiqu'il en soit une enquête en février 2019 après le premier mois de prélèvement à la source a montré que 80 % des personnes étaient satisfaites et vous remarquerez que, en comparaison des dizaines d'articles alarmistes avant l'opération, cette information n'a pas fait grand bruit et qu'il n'y a pas de dizaines d'articles pour dire que finalement cela s'était bien passé.

L'imposture

Dans l'histoire de la presse et des mouvements sociaux celui des gilets jaune restera comme une des plus grandes impostures avec la complicité active des media qui auront permis le gonflement artificiel d'un regroupement hétéroclite de personnes non représentatives des plus démunis, elles-mêmes représentées de façon totalement anarchique par des individus sans légitimité autre que celle qu'ils se sont donnée, les pauvres tentatives de s'organiser ayant été un fiasco avec un pool de 8 représentants sabordés quarante-huit heures après sa création, pool venant d'une légitimité douteuse de 44 autres personnes s'étant auto-désignées comme source du choix des porte-parole.

Ce mouvement est une imposture à tous les niveaux, et cette imposture est vertigineuse tant le pouvoir acquis n'a aucun fondement démocratique, aucun fondement même numérique. Les chiffres sont accablants. Alors que les mêmes journalistes, les commentateurs, les politiques ont dénié au mouvement appelé *la manif pour tous*, sorte de tea party à la française, mouvement qui n'est pas ma tasse de thé à dire vrai, lui ont refusé toute légitimité quand bien même leur pétition a fait plus que celle de Drouet (trois fois pour être précis) qu'ils ont réuni peut-être le double de personnes et qu'ils respectaient la loi, on a légitimé, la presse, par l'importance offerte inimaginable, a légitimé, cette assemblée incohérente aux 150 demandes contradictoires, cet autre mouvement de la moitié de manifestants. On a présenté ce qui est un réel fiasco étant donné la publicité quotidienne de toute la presse, des radios, des télévisions en continu, des appels à manifester des Mélenchon, Le Pen, Hamon, Dupont-Aignan, de la CGT, compte tenu du nombre élevé de militants et sympathisants de ces partis et syndicats, des électeurs de leur leaders, compte tenu que la presse étrangère, croyant un peu sur parole le déferlement d'information des media français s'attendait à au moins 1 million de personnes. Avec 282 000 personnes, soit 0,6 % des électeurs - vous notez ça 0,6 % des électeurs ! - se permettant de douter de la légitimité du président de la République qui a fait 24 % des votants qui a réuni sur son nom plus de 8 millions de voix soit 30 fois le nombre de ces manifestants, la presse a transformé une grenouille agressive en un bœuf doux comme un agneau. Comment ce simple constat de 0,6 % n'a t-il pas sauté aux yeux ? Ah les sondages ! Mais ne sont-ce pas les sondages qui avaient annoncé 15 % de personnes absolument certaines d'aller manifester soit normalement 7 millions de personnes ? Comment alors peut-on faire confiance à des instituts qui donnent 70 à 85 % de soutien et en même temps 15 % de futurs manifestants qui se sont révélés être en réalité 0,6 % ? Réalité constatée. Par ailleurs leur véritable importance se verrait s'ils étaient confrontés à d'autres candidats. En somme à une élection. Là, ils sont tous seuls. À combien sont-ils dans ces fameux sondages pour les élections européennes ? À moins de 50 % du score crédité pour LREM. Et ils seraient plus légitimes que ceux qui sont au pouvoir ?

Lors d'un sondage BVA des 21 et 22 février 2019, révélé par *Le Point*, les scores sont calamiteux pour LFI et même les gilets jaunes.

LREM 25 %
RN 19 %
LR 10 %
EELV 9 %
LF1 7,5 %
DLF 6 %
PS 5 %
Gilets Jaunes 4 %

Voilà donc la réalité électorale de ce mouvement après être passé à plus de 10 % il est tombé en dessous des 5 % Mélenchon le fier-à-bras qui parle de la non légitimité des autres voit son parti crédité de 7,5 %. On voit toute la mascarade de ces gilets jaunes dans la tragicomédie de la présentation des listes. En plus de celle de Francis Lalanne, celle envisagée par Tapie, celle de Philippot qui accueillerait bien ceux-ci, celle dont je ne veux même pas donner le nom du leader qui a eu droit devant une presse ébahie (et complice) à un article présentant 3 membres seulement demandant de l'indulgence, celle apparue et disparue d'Ingrid Levavasseur. Cette dernière qui pouvait passer pour être possible a vu dans un premier temps deux de ses membres se retirer dont le porte-parole à peine quelques jours après sa déclaration et appel au financement. Ensuite sous les insultes et menaces Ingrid Levavasseur s'est retirée. De plus lors de la dernière manifestation elle a dû être exfiltrée après avoir été menacée et insultée avec de jolis noms d'oiseau comme pute et collabo. Sans doute la fraternité universelle des gilets jaunes. Comment ce mouvement peut-il être crédible avec ces pantalonnades répétées, ces divisions permanentes, ces insultes et menaces récurrentes ? Comment la presse a-t-elle pu lui donner autant d'importance et surtout de crédibilité quand on voit ce tableau effarant, pathétique et terrifiant de division, de haine, d'amateurisme ?

Par un lyrisme béat, un romantisme révolutionnaire délirant, la presse, à de rares exceptions près, a voulu ignorer toutes les bases, tous les fondements de la violence de ce mouvement. Elle a voulu non seulement considérer qu'un blocage illégal n'était pas de la violence contre la liberté de circuler, une liberté fondamentale, blocage dès le 17 novembre, mais n'a eu de cesse de nous présenter ces ronds-points comme de chaleureux rendez-vous du peuple miséreux mais digne qui se réunit dans la confraternité. Elle a voulu volontairement ignorer, alors que de tout temps les organisations faisaient des demandes de manifestation, que les gilets jaunes dans la majorité des cas ont manifesté illégalement. Leur statut défini comme tel par la presse, des opprimés, leur donnait tous les droits alors que ces manifestations auraient été autorisées. La presse a donc accordé à ces gilets jaunes le droit de transgresser la loi sous le simple prétexte qu'ils étaient des gilets jaunes. Les media ont volontairement exclu de leurs raisonnements et pensées le simple fait que la colère était à l'origine du mouvement, colère ici considérée comme juste sans voir le volet violence inhérente à la colère en insistant sur le soi-disant pacifisme de ce mouvement. Les media ont volontairement ignoré tous les signes que cette violence est consubstantielle de ce mouvement et que c'est un miracle qu'il n'y ait pas eu plus de dégâts humains. Ils ont, volontairement ou non, confondu les périodes ou des îlots de calme avec une généralisation du calme à tout le mouvement. Ils ont volontairement inversé la réalité c'est-à-dire que la violence était majoritaire, en la transformant en minoritaire. Ils ont donc ignoré les nombreux signes que cette violence était incluse dans ce mouvement comme l'ont montré nombre d'évènements : manifestations contre le pacte de Marrakech, propos anti-migrants etc. Les signes se trouvaient aussi dans les propos, attitudes origines des leaders de ce mouvement. On a quand même un complotiste qui appelle à une révolution les armes à la main, un autre arrêté le 3 janvier, qui a appelé à prendre d'assaut l'Élysée, qui a déclaré qu'il fallait que *ça pète chaque week end*, une autre qui parle avec les morts et croit aux chemtrails, un autre élu sur une liste du FN, un autre démissionnaire pour éviter d'être exclu du FN pour propos raciste, un autre qui fait la une de *Paris Match* qui a fait de la prison pour ses idées d'extrême droite, un autre, encore, ancien militaire, qui veut l'armée, une autre anti pacte de Marrakech, un autre encore responsable du parti de Dupont-Aignan, un forgeron qui veut un coup d'état militaire. Si on regarde quel est le pourcentage de factieux, d'extrême droite, de complotistes parmi les fameux porte-parole arriverait-on à 80 %, 90 % ? Devant cette évidence comment la presse a-telle pu encourager ce mouvement ? Un mouvement en échec de mobilisation, un mouvement aux innombrables porte-parole, extrémistes pour la plupart. Comment a-t-elle pu ignorer que 90 % des interpellés qui ont cassé étaient des gilets jaunes ? Pourtant elle a bien vu quand ses propres journalistes se sont fait insulter, agresser qu'ils ne respectaient rien, ni les lois, ni les élus, ni les institutions. On a vu Drouet aller à la première manifestation avec un masque à gaz, réunir ses sbires à Montmartre avec chant de Dieudonné et quenelles pour résultat, on l'a entendu demander la prise de l'Élysée, on l'a vu manœuvrer comme pour une guérilla, indiquant un lieu pour attirer la police et aller manifester ailleurs. Son arrestation est le résultat de son combat factieux et révolutionnaire, de celui de 1793. Et il va tirer un grande gloire, déjà soutenu par Mélenchon, et par Le Pen qui parle presque de prisonnier politique, elle qui fraude le fisc et est poursuivie pour détournement de fonds publics, elle dont le parti est mis en examen pour les attachés parlementaires européens détournés de leur fonction au profit de son parti. Le pouvoir avec cet extrémiste est pris entre le marteau et l'enclume. D'un côté s'il ne l'arrête pas, le droit, la loi sont bafoués. De l'autre l'arrêter est en faire un martyr. Et la presse, ne relayant pas abondamment le communiqué de la préfecture donnant les circonstances et les causes de son arrestation participe à l'imposture de ce martyr. Mais il n'y a pas à hésiter. La loi doit être respectée et il ne sera jamais un héros que pour ceux qui veulent du mal à la démocratie. Bien sûr ils vont en jouer en détournant la juste arrestation d'un factieux vers une fausse volonté d'atteindre le mouvement des gilets jaunes. Mais ce mouvement non représentatif des plus pauvres, violent pour une grande part aura fait des dégâts considérables à la France. On ne compte plus les milliards de pertes dans le commerce (petit et grand) les transports, le tourisme. Pertes auxquelles il faut ajouter le surcoût qui ne cesse de s'alourdir des interventions de force de l'ordre (salaires, heures supplémentaires, matériel etc.). 50 000 personnes au chômage, des petites entreprises fragilisées, certaines ne s'en remettront pas, des denrées qui ont pourri, une image de la France terriblement dégradée, un coup contre le tourisme déjà bien abîmé par les grèves de la SNCF, et donc un coup contre les capacités de réforme européenne car entamant la crédibilité du président de la France. Les dégâts sont à court terme et à long terme. Du reste on nous parle de la France divisée en eux. Une sorte de mantra journalistique sans rapport avec la réalité. La France n'est pas un pays de deux moitiés. Que ce soit culturellement, sociologiquement, politiquement, économiquement, il n'y a pas deux France, mais une France multiple, complexe avec des cercles qui se superposent. La belle légende de la France des gilets jaunes et celle des autres, les ennemis. Cette autre imposture intellectuelle et de la représentation de la réalité. En revanche la haine distillée par nombreux gilets jaunes, les blocages, les emplois perdus, les destructions auront, quand le soufflet sera à son véritable étiage, de lourdes conséquences sur la cohésion nationale.

Une des plus grandes imposture de ce mouvement est d'origine médiatique. Les media n'ont eu de cesse de nous montrer un mouvement pacifique dans son ensemble, voulant rejeter toutes les violences sur les black blocs ou sur l'extrême droite. Ce fut par le corps des articles mais aussi par le vocabulaire. Les media n'ont eu de cesse de parler de « en marge de la manifestation » quand bien même c'est en son sein. Ils n'ont eu de cesse de faire croire à une infime minorité, que ce mouvement s'est radicalisé dans le temps. Voici des éléments qui contredisent totalement cette vue idyllique et fausse de ce mouvement. Commençons par cette vidéo terrifiante qui date du 17 novembre 2018 au tout début du mouvement. Déjà la presse a voulu la minimiser. Comme ce n'était pas une manifestation déclarée ce n'était peut-être pas des gilets jaunes. Outre le fait que de bloquer une route ne peut en aucun cas être déclaré, que tous les blocages des ronds-points étaient illégaux, on voit bien que ce sont des gilets jaunes. Et pour toutes les vidéos de ce premier jour de blocage on voit partout en France des violences, des blocages qui parfois se passent mal. Ici cette vidéo édifiante et vérifiée par la presse : https://www.youtube.com/watch?v=Fm2d4u3FhV8

Le 22 novembre comme le rapporte RTL un camionneur a été sauvagement agressé : *La victime s'est vue prescrire 45 jours d'ITT. Jeudi 22 novembre, un chauffeur routier de 42 ans a été roué de coups au visage par un membre des "gilets jaunes" alors qu'il était bloqué sur la commune de Fains-Véel (Meuse).*

L'homme souffre de quatre fractures au visage et d'une hémorragie cérébrale, mais ses jours ne sont plus en danger, selon nos informations. Il devra prochainement subir une intervention chirurgicale pour se faire apposer une plaque de métal au niveau de la mâchoire.

Son agresseur, un homme de 20 ans défavorablement connu de la justice pour des faits de violences, a été placé en garde à vue. Il s'agit d'un "gilet jaune" qui tenait un point de blocage sur la commune.

Allons plus loin dans la recherche de la vérité. Le *JDD* du 17 février nous donne des informations éclairantes et qui démentent tout ce discours qui disculpe les gilets jaunes de la violence et montre un visage inquiétant : *Leur présence pèse sur le mouvement des Gilets jaunes depuis l'acte 1, le 17 novembre. Activistes d'extrême droite, militants de la mouvance de l'ultragauche, ils sont sous la surveillance étroite des services de renseignement, tant à Paris qu'en province. Mais, à en croire les statistiques de la préfecture de police, ils ne sont pas les principaux acteurs des débordements qui ont émaillé les manifestations chaque samedi depuis trois mois. À Paris, environ 2.800 personnes ont été interpellées depuis l'automne et seules une soixantaine d'entre elles étaient connues pour leur engagement radical. En clair, les épisodes d'incendies de voitures ou de casse de vitrines ont très largement été le résultat du "passage à l'acte" de manifestants Gilets jaunes, estime-t-on, à la préfecture de police.*

Pour justifier ce point de vue, l'exemple de l'attaque du ministère de Benjamin Griveaux, le 5 janvier, est mis en avant. Ce jour-là, un groupe s'empare d'un transpalette et défonce la porte du bâtiment officiel. Quatre suspects ont été mis en examen, dont le conducteur de l'engin, placé en détention provisoire. Plombier-chauffagiste dans le Nord, il avait déjà été signalé par le Renseignement territorial (RT), mais à titre de militant syndical. Les trois autres sont des salariés sans antécédent. Autre exemple : le 9 février, à Paris, seules trois des 45 personnes en garde à vue étaient connues des services de renseignement en raison de leurs engagements.

À l'extrême droite comme à l'extrême gauche, chaque samedi a cependant été l'occasion de se joindre à une forme de protestation inédite pour en tirer un bénéfice politique. Avec des hauts et des bas. L'acte 13 a ainsi été marqué par un monopole quasi exclusif de l'ultragauche.

Vous imaginez que sur 2 800 arrestations seule une soixantaine appartient à l'ultragauche. Qui peut, ensuite à la lueur de ces faits, nier la violence des gilets jaunes ? Ces faits sont corroborés par une étude du rapport à la violence des gilets jaunes en regard de l'ensemble de la population. C'est une étude de l'IFOP pour la fondation Jean-Jaurès que je vous conseille de lire dans sa totalité. Je vais juste en tirer quelques éléments sinon il faudrait tout recopier : *observateurs et membres de forces de l'ordre [lors du 3ème épisode] s'accordent sur le constat d'un très haut degré de violence avec notamment des policiers roués de coups et des cordons de CRS ou de gendarmes mobiles pliant sous la violence des assauts. [...] Contrairement à ce qui a pu être parfois dit, la frontière entre les "casseurs" et les "paisibles manifestants" n'a pas été étanche. De nombreux "gilets jaunes" sont ainsi visibles sur les images de destructions de véhicules et d'affrontements avec les forces de l'ordre à Paris comme en province. Les policiers et gendarmes qui étaient au contact ont vite identifié le fait qu'ils n'avaient pas affaire uniquement à un public habituel, [...] Indice supplémentaire de la porosité du mouvement à la violence, le profil des interpellés lors des manifestations parisiennes du début du mois de décembre : une grande majorité d'hommes de 20 à 40 ans, montés de province pour l'occasion, ayant, pour la plupart, une situation professionnelle et inconnus des services de police. Ceci vient confirmer qu'une partie de la frange la plus engagée de la mouvance des "gilets jaunes" n'a pas hésité à basculer dans l'action violente.[...]cette frange des catégories populaires de province "montée à Paris" pour faire entendre sa voix et étant prête à faire le coup de poing ou à basculer dans le registre de l'action violente. [...] Les professions exercées correspondent aux profils sociologiques des personnes se définissant comme "gilets jaunes" observés dans les sondages de l'Ifop : surreprésentation des milieux ouvriers, des travailleurs manuels et du bâtiment. On note également la présence significative des caristes, ces salariés travaillant dans le secteur de la logistique et souvent dans des entrepôts situés en zone péri-urbaine.[...]Le fait que ces jeunes hommes exerçant des métiers physiques (ouvrier viticole, désosseur...) aient participé aux violences et aux dégradations a changé la physionomie des événements puisqu'ils ont considérablement étoffé les rangs des militants politiques d'ultra-gauche et d'ultra-droite habitués à aller au contact avec les forces de l'ordre [...]En revanche, le surgissement de la violence en marge des cortèges de "gilets jaunes" dans des villes comme Le Puy-en Velay, Saint-Avold, Calais ou Narbonne voire dans le village ardéchois du Pouzin traduit la radicalisation d'une partie de ce mouvement, les "gilets jaunes" ne passant pas à l'action que pour ressentir le "frisson de l'émeute", pour reprendre la formule de Sebastian Roché [éd. Le Seuil, 2006]. De manière sporadique mais régulière, d'autres villes moyennes, d'habitude relativement calmes, vont être le théâtre de scènes de violences à l'occasion des journées d'action des "gilets jaunes": le 5 janvier à Beauvais, le 12 et le 19 janvier à Rouen ou bien encore le 26 janvier à Evreux par exemple.[ces villes moyennes n'ont pas de groupes d'extrémistes constitués donc ne sont que le fait des gilets jaunes].* Pour terminer voici deux sondages qui donne une idée du degré d'acceptation de la violence au sein des gilets jaunes. Après l'attaque de l'Arc de triomphe 69 % des Français condamnent les violences, 32 % les comprennent mais ne les approuvent pas et 5 % les approuvent. Chez les gilets jaunes, après l'affaire du boxeur

nous avons ces scores à faire peur 30 % seulement condamnent les violences, 55 % comprennent sans les approuver et 15 % les approuvent. Là aussi il faut être aveugle pour ne pas considérer que ce mouvement ne peut en aucun cas représenter le peuple non seulement par sa faible mobilisation mais aussi par son inadéquation entre ses positions et celles de l'ensemble des Français. On retrouve cette totale inadéquation, dans une autre étude qui nous donne que si 20 % des Français sont complotistes ils sont 40 % chez les gilets jaunes. Si entre 8 et 12% des Français se disent gilets jaunes ils sont 42 % pour les électeurs de Le Pen. On a une superposition des pourcentages complotistes entre les diverses mouvances comme Insoumis, Asselineau, Dupont-Aignan, Le Pen, extrême gauche et extrême droite, et les gilets jaunes.

C'est aussi une imposture car ce mouvement est devenu vide de sens. Il est devenu vide de sens car son origine insurrectionnelle est née de deux principes : l'augmentation du prix du carburant et le pouvoir d'achat. Ce fameux pouvoir d'achat, comme on l'a vu, a été assené de milliers de fois par les journalistes, un peu comme s'ils voulaient leur prouver qu'ils étaient - comme déjà dit - les damnés de la terre. Non seulement il n'a pas stagné structurellement (on a vu que c'est le pouvoir d'achat par unité de consommation qui a stagné, mais celui-ci est dû à des comportements individuels mais non au pouvoir et à l'économie), mais en plus ce pouvoir d'achat a augmenté pendant la période des manifestations. Et il augmentera en 2019. De plus dans les 30 dernières années il a augmenté de 55 % en général et 30 % par unité de consommation. Ne doit-on pas se poser la question s'il est pertinent, juste, possible que ce pouvoir d'achat augmente de 55 % tous les 30 ans ? On n'a eu de cesse de parler du seul plateau de la balance qui sont les charges sans montrer toutes les contre-parties. A-t-on comparé ces prélèvements avec dans les autres pays ce qu'étaient la redistribution, l'espérance de vie et celle en bonne santé, l'accès à l'éducation et aux soins, la mortalité infantile ? Où se situe la France dans ces domaines ? Quel est le taux d'équipement des ménages en électroménager, en véhicule, en téléviseur, machine-à-laver, lave-vaisselle, ordinateur, smartphone ? Quelle est la proportion de propriétaires ? Quel est le réseau routier, le quadrillage du train, les transports en commun ? Le taux de suicide ? Tous ces éléments de comparaison qui placent la France en haut des pays industrialisés n'ont jamais été mis en perspective alors qu'ils sont la contre-partie des prélèvements. En matière de SMIC la France est en quatrième place. Regardons les salaires en Albanie, en Grèce et, avant son augmentation, en Espagne. On parle de pression fiscale accusant le pouvoir oubliant que certains maires, alors que la baisse de la taxe d'habitation est compensée à l'euro près, ont augmenté les impôts locaux en accusant le pouvoir. La mairie de Paris a multiplié par trois le montant des amendes. C'est le pouvoir la mairie de Paris ? La fameuse taxe des produits pétroliers est en partie reversée localement pour les infrastructures. Ah ces fameux gilets jaunes moins de charges sociales, moins d'impôts, plus de prestations ! Ils sont magiciens eux. C'est vrai que lorsque l'on parle aux ectoplasmes on en sait des choses.

Ces gilets jaunes voulaient un débat, l'arrêt de la hausse des taxes pour l'essence, du pouvoir d'achat en plus. On a ouvert les vannes de 10 milliards, le pouvoir d'achat est en hausse, la hausse de la CSG pour les petites retraites a été supprimée, on a augmenté la prime d'activité, le prix du baril a baissé, on propose un débat et ils veulent continuer ? Où est leur bonne foi ?

Les media, pour ceux qui en avait encore, ont perdu toute éthique, ont confondu leur rêve de révolution contemporaine, avec les faits de violence, d'inconséquence, de leaders dangereux. On a l'impression qu'ils ont voulu entrer dans l'Histoire. Ils ont pratiqué la tautologie. Ils ont déclaré ce mouvement comme très important et se sont servis de leur analyse pour ensuite se confirmer à eux-mêmes qu'il était important. On ne peut nier qu'il a eu un fort pouvoir de nuisance. On ne peut nier qu'il a eu un pouvoir fort sur le pouvoir. Tout cela par une déformation, un effet plus que de loupe, de microscope électronique créant et gonflant à l'helium un pouvoir illégitime, non mérité. Malgré tout ce mouvement qui dure en longueur ne prend pas. Il n'y a pas d'embrasement. Un embrasement aurait été si un ou deux millions de personnes avaient été dans la rue, si le nombre était allé en grossissant. Alors que la mobilisation n'a fait que décroître, leur parole a été toujours autant diffusée, 24 h sur 24. Ces porte-parole illégitimes en fait ont eu plus le droit à la parole que des responsables de partis, partis pourtant structurés, ayant des électeurs, des élus légalement élus, leur conférant une légitimité démocratique indéniable. Tous ceux-ci n'ont eu qu'un faible temps de parole comparé à celui de ces illégitimes porte-parole des gilets jaunes. Illégitime du fait d'aucune désignation démocratique, illégitime car ce mouvement n'est pas composé des plus fragiles, illégitime car 0,6 % des électeurs au plus fort de leur manifestation est tout simplement ridicule, infinitésimal. C'est tout-à-fait inédit et renversant, accablant plutôt. Un de reproches éternels qui sera fait aux media c'est de ne pas avoir donné la parole aux opposants. Et même si on tenait compte des 70 % de soutien, le nombre d'heures qu'il aurait fallu donner aux opposants pendant toutes ces semaines d'action des gilets jaunes se comptent en centaines. Ceux-ci ont dû avoir des milliers d'heures d'antennes cumulées. Combien d'article du *Monde* ou d'autres journaux avez-vous lu donnant la parole à ceux qui s'opposaient au mouvement ? Je crois pas un dans ce journal de référence. Pas un. En revanche combien pour ces gilets jaunes ? 100, 200 ? Faites une recherche pour « gilets jaunes » au *Monde* : près de 1 000 occurrences lors de l'écriture de ce livre.

Ce fait exceptionnel est un exemple à étudier d'imposture populaire pour lequel les media ont permis l'éclosion, ont facilité le développement, ont grossi la réalité et ont donné un pouvoir sans aucune commune mesure avec la réalité chiffrée et la légitimité tant interne que représentative. Par la litanie larmoyante du pouvoir d'achat, par l'insistance sur la hausse du carburant alors qu'en 2012 les prix étaient les mêmes, le pouvoir d'achat inférieur et que depuis l'inflation a pris 6 % (ce qui veut dire en clair qu'en 2012 les prix étaient, pouvoir d'achat et inflation compris, 10 % plus élevés) ont présenté ces fameux gilets jaunes comme les misérables du monde, ce qu'ils se sont empressés d'intégrer et de s'en prévaloir, par une complaisance sans bornes, les media auront été les maîtres de l'imposture aux conséquences dévastatrices. On peut toujours rêver qu'ils en subissent eux aussi les conséquences. Si vous voyez un jour cette corporation faire un mea culpa général, et une tentative de rétablir les faits, vous m'appellerez. N'oublions pas que Mao, Staline, les Khmers rouges, Fidel Castro tous ceux-ci ont été encensés par la presse et les intellectuels et que leur besace est rouge sang, que les morts se comptent au-delà d'une centaine de millions mais que ne restent dans notre inconscient collectif que les nazis et Hitler, Franco, Mussolini, Pinochet, le martyr Allende ou le Che, héros, et que gare à vous si vous touchez aux communistes.

Cette imposture, il ne faudra jamais l'oublier, a pu aussi gonfler grâce aux propos incendiaires des Mélenchon, Ruffin & Cie, des Le Pen et Dupont-Aignan, des propos d'appel à la violence, des propos d'excuse et de justification de la violence. Elle a pu gonfler, perdurer car les leaders soi-disant modérés de l'opposition ont été, à une grande majorité, silencieux, silencieux quand une ministre (Marlène Schiappia) se fait insulter, menacer de viol et de meurtre, quand leurs collègues députés sont aussi insultés, menacés de morts, subissant des propos racistes. 80 parlementaires au moins de LREM ont subi dès le début des manifestations, outre les insultes et menaces de mort (envoi de balle, de cartouche), des dégradations non seulement de leur permanence mais aussi de leur résidence avec saccage, entrée murée, voitures brûlées. Une préfecture incendiée, une sous-préfecture incendiée, la porte d'un ministère défoncée, du jamais vu sous la cinquième république et l'opposition d'en accuser le pouvoir et non ceux des gilets jaunes qui ont commis ces actes et non Drouet, lui qui se dit du peuple quand il déclare dans une entrevue du *NouvelObs* payer

700 € d'impôts par mois (!) - en voilà un pauvre - celui qui a déclaré qu'il faut que *cela pète chaque week-end*, celui qui viole volontairement la loi pour se faire arrêter, celui qui instrumentalise les morts et les blessés pour son coup d'éclat, celui qui fait un couple d'enfer avec le complotiste récidiviste Fly Rider.

Fera-t-on un jour l'analyse du temps de parole fourni pendant six semaines aux gilets jaunes, aux Mélenchon, Le Pen, Dupont-Aignan et leurs sbires, à l'opposition en regard de celui offert d'une part aux opposants aux gilets jaunes d'autre part d'un côté au pouvoir et d'un autre aux élus de la majorité ? Mais ceci ne sera pas suffisant car il faut ajouter au premier groupe tout le temps de parole des journalistes et intervenants qui ont glorifié ce mouvement. Qui peut imaginer que ce concert assourdissant pendant six semaines n'ait pas eu de répercussion sur sa perception, sur l'élan de sympathie ? Quand Macron est autour de 20 % de taux de satisfaction, quand depuis des mois on tape sur le pouvoir, on insiste sur la grande misère du pouvoir d'achat, puis qu'ensuite pendant des semaines on insiste sur ce pouvoir d'achat, sur ces si vaillants et gentils gilets jaunes avec en écho l'opposition, avec des affaires minables qui affaiblissent le pouvoir comme Benalla il est d'une impossibilité absolue pour ces Français qui râlent de nature, que le soutien ne soit pas important et cette fracture inimaginable entre ce soutien gonflé, augmenté par dopage industriel, et la réalité de la mobilisation devrait en faire réfléchir plus d'un. On aurait donc, un pouvoir au plus bas dans les sondages, un soutien frôlant on a dit 85 % et cependant 0,6 % des électeurs, au plus fort, dans la rue. Cela ne vous choquet-il pas ? Et que dire du quasi silence radio ou de la contre argumentation envers les délires des gilets jaunes avec tout ce qui a été fait : les allocations handicapés, minimum vieillesse, baisse des charges, baisse de la taxe d'habitation, augmentation du chèque énergie. Dans le tohu-bohu pro gilets jaunes, il n'y a pas eu de contre-balancement. Je ne parle pas de propagande, mais de faits à opposer à des délires, de donner la parole de façon équilibrée et impartiale. Qu'a donc fait le CSA ? Comment cet organisme indépendant a-t-il pu accepter un tel déséquilibre ? Cela doit être dans l'histoire des media du jamais vu depuis que l'information est libre. Il y a eu un ministère de l'information, de la censure, cette fois-ci la censure a eu lieu, la propagande a eu lieu et grâce à des media sans plus aucune éthique au profit d'un mouvement à majorité complotiste, populiste, en colère. Comment se fait-il que dans le même temps un élément absolument imparable de comparaison n'est pas été exploité, je veux parler de la marche pour le climat : 20 000 personnes à Paris autant que les gilets jaunes, manifestation légale, dans le calme, pas affrontement ? Comment ? dans le même temps ? D'un côté la légalité, le calme, le même nombre, de l'autre l'illégalité, la haine et la violence. Sont-ils aveugles et sourds ces media ? Pendant toutes ces semaines outre l'inégalité abyssale de traitement entre les gilets jaunes, l'opposition d'un côté, la majorité et les opposants aux gilets jaunes, de l'autre le monde a cessé d'exister : le G 20, la Russie de Poutine qui arraisonne avec violence des bateaux de l'Ukraine en toute illégalité avec risque accrue de violence et de guerre dans un pays sinistré aux dizaines de milliers de morts. Rien que des gilets jaunes matin, midi et soir. Si les media et *Le Monde* en tête ont voulu entrer dans l'Histoire avec les gilets jaunes, ils y sont entrés mais par la porte de l'infamie, de la fabrication d'une révolte par sur-médiatisation de ses représentants, par la sur-médiatisation antérieure de problèmes mal présentés et un apitoiement facile, par un manque absolu d'éthique et de raison, de professionnalisme, par un aveuglement volontaire. Mais ne soyons pas optimistes, l'histoire est frelatée et nous avons assez d'idéologues pour lui donner un sens.

L'imposture c'est que les gilets jaunes sont à un tel point un élément de buzz que BFMTV avait proposé à Ingrid Levavasseur, porte-parole parmi les combien 10, 20, 50 porte-parole des gilets jaunes ?, de devenir chroniqueuse. Cette proposition avait évidemment fait tiquer les journalistes de la chaîne. *Le Monde* toujours dans sa lignée avec un titre accrocheur, un chapeau lui aussi ne représentant pas l'information principale nous donne donc ce titre avec son chapeau :
La « gilet jaune » Ingrid Levavasseur renonce à être chroniqueuse sur BFMTV
Le poste avait été proposé à cette figure du mouvement par l'animatrice de l'émission « Et en même temps », une décision contestée en interne.

La véritable information qui fait un écho - qui à part ce journal et ceux qui politiquement soutiennent ce mouvement aurait pu s'en étonner - à celle du désistement de 6 des 8 porte-parole dans les 48 heures qui ont suivi leur très étrange nomination en novembre, à savoir que ce sont les menaces physiques et les insultes qui l'ont fait renoncer. Outre le fait que la proposition de BFMTV démontre à quel point cette histoire est gonflée par les media, on voit bien que ce mouvement porte en lui une violence et fait parfaitement penser à l'attitude hyper-sectaire des trotskistes, des maoïstes ou lepenistes que l'on retrouve dans leur vocabulaire : traitres, collabos, terreur. Voici ce qu'écrit Ingrid Levavasseur (fraternité nous disait *Le Monde* ?) :

Levavasseur Ingrid Citoyenne En Gilet Jaune
samedi

STOPPPPPPP arrêtez avec vos messages cyniques, j'ai refusé cette offre !! Vous n'imaginez même pas le mal que vous faites aux gens qui se battent pour vous !! Débrouillez vous entre vous puisque vous avez les solutions... Apolline De Malherbe est une femme qui a le mérite de proposer un temps de parole aux gilets jaunes mais vos égos et votre jalousie vous font dire des bêtises et fait du mal à notre mouvement. (Et pour info, jamais je ne suis allée sur le plateau de BFM) Quand je lis les commentaires, je suis terriblement désolée de ne pas réussir à être à la hauteur de vos attentes. Je ne suis qu'un être humain sur qui beaucoup prennent de plaisir à malmener. Maintenant je vais prendre beaucoup de recul et vous laissez balancer vos insanités et continuer mon travail que j'aime, retrouver mes enfants, mes amis et ma famille !

Cela donne à réfléchir. Dans ce texte elle ne parle pas des menaces physiques qu'elle a pourtant reçues. Et c'est à se taper la tête contre les murs quand on les entend tous se plaindre que l'on ne leur donne pas la parole quand ils ont dû avoir des milliers d'heures entre toutes les chaînes en continu, les radios et les millions de caractères et la surface papier qui leur sont réservés dans les journaux. Et eux qui se présentent comme a-politique et non syndiqués comme on l'a vu c'est de la rigolade. C'est comme récemment sur LCI, un des nombreux porte-parole qu'il a fallu pousser dans ses retranchements pour qu'il confirmât, lui qui parlait au nom du peuple français, qu'il était un syndicaliste de Sud Rail, un des syndicats le plus durs et les plus politisés qui soient. L'affaire Levavasseur, qui est un prolongement de celle des porte-parole démissionnaires, a eu aussi cet écho à Marseille samedi 5 janvier 2019 où des gilets jaunes s'en sont pris à d'autres gilets jaunes qui avaient été réunis par Tapie dans les locaux de son journal (ce qui là aussi a donné quelques hoquets aux journalistes, car un journal n'est pas un lieu de rassemblement d'un mouvement revendicatif) les insultant, les traitant de collabos. Et que dire, si ce n'est à vomir, de voir Tapie vouloir récupérer ce mouvement, et surtout de voir des gilets jaunes lui manger dans la main, lui qui est le symbole absolu de tout ce qu'ils devaient exécrer : fraude fiscale à grand échelle, poursuivi pour escroquerie en bande organisée, devant rendre 450 millions d'euros considérés comme volés à la nation, lui qui a licencié des dizaines de milliers de personnes, pillés les entreprise, vécu comme un milliardaire. Si dans ce mouvement il y a bien une imposture c'est celle double de Tapie voulant récupérer le mouvement et une partie de mouvement accepter Tapie comme parrain. Du reste une simple question : pourquoi ce mouvement pacifique et ouvert, dans son ensemble ne fait-il pas une manifestation pour dénoncer la violence de ceux d'entre eux qui cassent tout et réfuter les Nicolle, Chalençon, Drouet et autres factieux comme porte parole et des parrains comme Chouard, Ruffin, Mélenchon, Tapie, Dupont-Aignan et Le Pen ? Pourquoi ?

Cette imposture a été finalement reconnu implicitement par les journalistes de BFMTV qui ont décidé de ne rien diffuser des gilets jaunes le lundi 7 janvier 2019. *Le Monde* du même jour : *« Gilets jaunes » : en interne comme en externe, des « tensions » traversent BFM-TV*

François Pitrel, président de la Société des journalistes (SDJ), explique :

« On peut nous critiquer, mais frapper des journalistes qui couvrent un mouvement, c'est au-delà de ce qu'on peut tolérer dans une démocratie. Ces violences sont le fait d'une minorité de manifestants, certes, mais c'est systématique depuis des semaines : des insultes, des menaces, des agressions… »

Vous noterez que malgré tout c'est toujours une miroité selon les journalistes. La question est simple : et donc pourquoi une majorité numériquement beaucoup plus importante ne fait-elle rien contre cette minorité qu'il serait facile de maîtriser ? Vous notez que ces agressions se font depuis des semaines et c'est systématique.

Et d'ajouter : *« Vu ce qu'il s'est passé ce week-end et les week-ends précédents, cette décision est compréhensible », a réagi le directeur général de BFM-TV, Hervé Béroud, auprès de l'Agence France-Presse (AFP), estimant que « cette expression de violence contre les journalistes, et en particulier ceux de la chaîne, est inédite ».* Notez : inédite. Ce qui veut bien dire que lors des innombrables autres manifestations cela n'a jamais été à ce point ce qui par effet de négatif prouve la violence de celui-ci.

Et voilà le grand aveu, ce que ce livre démontre et ce qui est gravissime :

L'incident a vite été clos [celui d'Ingrid Levavasseur], mais selon la SDJ une partie de la rédaction a eu le sentiment de ne pas avoir été suffisamment écoutée, après la première grande réunion tenue entre journalistes et direction, le 19 décembre. « Ce jour-là a été l'occasion pour certains reporteurs de vider leur sac, sur la difficulté de travailler sur le terrain pendant ce mouvement, mais aussi sur certains choix éditoriaux, raconte un journaliste. Nous faisons trop de "mono-actualité" : depuis un mois et demi, rien n'existe sur l'antenne à part les « gilets jaunes ». C'est l'édition spéciale permanente. On tire trop sur le fil, parce que cela fait de l'audience. » Récemment, la SDJ a estimé que BFM-TV avait surcouvert l'arrestation du « gilet jaune » Eric Drouet. « La chaîne diffuse moins de reportages, regrette un autre journaliste. On passe notre journée à faire des duplex en direct toutes les trente minutes, ce qui nous expose aux agressions. »

Tout ce qui est déplorable y est dit : **mono-actualité, rien n'existe sur l'antenne à part les « gilets jaunes »** (et dire qu'ils osent se plaindre de ne pas avoir la parole), arrestation de Drouet **surcouverte**, moins de reportage, **duplex <u>toutes les trente minutes</u>**. Vous vous rendez compte de cette incroyable machine à propagande au profit des gilets jaunes que furent les media. Tout est dit, et par les journalistes de BFM. À l'écrit ce fut la même surdose *au Monde*.

Terminons en avec l'imposture. Ces media ont donné la parole à au moins deux hommes dangereux : Nicolle qui appelle à prendre les armes et à Drouet. Les media auront sur la conscience si un jour cela arrivait, les morts demandés à corps et à cris par ces deux factieux dangereux, qui les souhaitent pour faire tomber le pouvoir réclamant de prendre les armes en l'accusant par avance comme les violeurs qui accusent la victime de provocation. Mêmes arguments. Même saloperie de raisonnement pourri. À part quelques très rares journalistes (Kahn, Cotta, Aphatie) aucun n'ont renvoyé aux Drouet et Mélenchon des arguments imparables : la Constitution a été votée majoritairement par les Français tant par rapport aux votants qu'aux inscrits. Que cette constitution a défini la démocratie. Cette démocrate s'exprime par des élections libres. Que Macron a été placé en tête du premier tour, a été élu au second tour avec une majorité confortable. Que l'ensemble des élus de la majorité ont eu 7 323 496 de voix au premier tour des élections législatives que c'est 140 fois le nombre du dernier rassemblement sauvage des gilets jaunes du 5 janvier 2019, que les sondages ne font pas la démocratie, que 0,6 % des électeurs au plus fort des manifestations, et 0,1 pour celle de début janvier ne donne absolument aucune légitimité, pour des gilets non représentatifs des plus pauvres, avec des leaders sans légitimité de représentation, strictement aucune légitimité et qu'en aucun cas aucun d'entre eux ne peut parler au nom du peuple français. En aucun cas. Aucun d'entre eux. Comme dit plus haut aucun des journalistes qui servent la soupe à tous ces leaders ne remet à leur place ces porte-parole comme ceux non légitimé par un vote au sein du mouvement ne pourrait parler au plus que pour seulement 0,1 % de la population. Qui oserait dire qu'un candidat à la présidence ayant rassemblé 0,1 % des votes aurait la moindre crédibilité. Enfin, tous les autres leaders politiques de Le Pen à Mélenchon, comment osent-ils mettre en cause la légitimité de Macron et des élus de la majorité quand tous deux ont été derrière Macron à l'élection présidentielle et que leur parti ont fait au premier tour des élections législatives de 2017 respectivement 21 et 11 % contre 32 pour la majorité ? Donc si ces derniers sont illégitimes que reste-t-il de la légitimité de partis qui font 2/3 et 1/3 des voix de ceux considérés comme non légitimes ? Il est extravagant que la presse laisse dire sans jamais contrer ces arguments d'illégitimité de ceux qui sont encore moins bien élus ?

Il faut aussi parler des soi-disant 2,8 millions de gilets jaunes du compte Facebook, celui qui dénombre ces mêmes gilets jaunes. En fait, la manipulation est d'une ampleur d'un million ! En effet étaient comptabilisés dans ce chiffre faux toutes les personnes invitées quand bien même elles n'avaient ni accepté l'invitation, ni n'étaient venues visiter le site. Après un nettoyage salutaire par Facebook lui-même (au niveau mondial, pas pour les seuls gilets jaunes qui ont tout de suite crié au complot), ils ne sont plus qu'1,8 million (sur au moins 35 millions de comptes Facebook en France) sachant que c'est enfantin et sans risque de venir s'associer. On ne peut parler du risque de gaz lacrymogène ou des faussement appelées flash balls. Comparons avec les 50 à 70 % de soutien. 1,8 million cela fait un peu plus de 5 % des 35 millions de comptes mais 3,8 % des électeurs, c'est même en-dessous (1/3) des 15 % absolument certains d'aller manifester. Quel que soit le bout par lequel on prend ce mouvement on arrive à des chiffres médiocres, faibles.

Voulez-vous donc que l'on parle chiffres afin d'appréhender ce qui devrait sauter aux yeux de tout commentateur, de tout Français ? Le samedi 11 janvier il y avait 84 000 gilets jaunes, manifestations dont une partie était illégale, dans toute la France, chiffres présentés comme un accroissement significatif et donc comme une grande mobilisation. Doit on rappeler que c'est moins d'un tiers que la première manifestation que c'est la moitié de la deuxième, les deux étant déjà d'un score faible ? Pouvons-nous faire de simple comparaisons ?
- Bourges, le 11 janvier 2019, 5 000 manifestants alors que l'agglomération compte 97 000 habitants, sachant que l'appel hyper-médiatisé de cette manifestation couvrait toute la France, puisque ce devait être le centre de la France, rappelons que selon les sondages il y avait 70 % de soutien au début (55 % score lorsque ce livre a été écrit), 15 % de certains d'aller à une manifestation, donc 5 % des habitants de l'agglomération qu'est-ce que cela vous inspire ? Allons plus loin. *Le Printemps de Bourges* réunit 80 000 spectateurs soit 16 fois cette manifestation et encore il faut payer et ce n'est un attrait que pour les amateurs de musique classique, donc une frange faible de la population.
- Paris, le 11 janvier 2019, 8 000 manifestants. Rappelons que le stade de France peut contenir 80 698 places assises ce qui veut dire que les gilets jaunes n'auraient rempli que 10 % du stade de France (10 % !), que cela représente seulement 0,1 % de l'agglomération parisienne (0,1 % !), qu'il aurait juste fallu se tasser un peu pour que tous les gilets jaunes de France de ce

samedi pour qu'ils y rentrent, que Johnny Halliday a rempli ce stade de France avec 210 000 spectateurs en 1998 (oui, petit mot pour les complotistes, c'est plus que les places assises, on est aussi debout sur la pelouse) soit 22 fois ce qu'ont fait les gilets jaunes, que ce même Johnny a rempli le Champ de mars entre 700 000 et 1 million de spectateurs pour le 14 juillet 2009 soit 90 fois au moins la mobilisation des gilets jaunes.

- Dans toute la France 84 000 manifestants le samedi 11 janvier 2019 c'est 12 % de ce qu'a fait Johnny au champ de mars et moins de la moitié de son concert au Stade de France, 12 % de la première manifestation pour *Charlie Hebdo* suite aux attentats et 2 % du week end d'hommage aux victimes (4 millions), ajoutons que ce week end a réuni quatre fois ce qu'ont fait les gilets jaunes en 9 manifestations, alors que ce week end a été organisée dans un temps extrêmement court. Rappelons que la manifestation de *la manif pour tous* qui a été considérée par la majorité des élus comme non représentatif alors qu'elle a réuni peut-être deux ou trois fois ce qu'a réunira première manifestation des gilets jaunes.

- Rappelons enfin ces chiffres qui devraient enfin mettre les yeux en face des trous des commentateurs. En 1984 il y a eu une manifestation le 24 juin à Paris de 850 000 personnes (2 millions selon les organisateurs) c'est-à-dire 100 fois ce qu'ont représenté les gilets jaunes à Paris et 10 fois dans toute la France. Il s'agissait de manifester contre la loi Savary et cette manifestation n'avait certainement pas 70 % de soutien dans la population. Où est donc l'erreur, d'un côté une manifestation uniquement à Paris qui fait 100 fois celle des gilets jaunes dans la même ville, qui fait plus de 3 fois celle du premier jour dans toute la France, et l'on voudrait que les gilets jaunes soient le peuple ? Mais les chiffres sont encore plus terribles si l'on regarde les manifestations qui ont précédé celle du 24 juin :

À Bordeaux, le 22 janvier 1984, environ 60 000 manifestants se sont rassemblés, <u>alors que la décision de manifester n'avait été prise que deux semaines auparavant</u>. Gilets jaunes 4 à 6 000 (7 à 10 %). Une seule ville fait plus que chacune des manifestations 7 et 8 de toute la France.

À Lyon, le 29 janvier, entre 100 à 150 000 manifestants se sont rassemblés. Gilets jaunes 400 le premier jour, quelques milliers les autres fois soit entre 0,4 à environ 1 %. Cela ne vous dit rien ? Une seule ville fait plus que chacune des manifestations 3, 4, 5, 6, 7, 8 et 9 de toute la France.

À Rennes entre 200 et 250 000 le 18 février . Gilets jaunes moins de 1 000 soit au plus 0,5 % ! Une seule ville fait plus que chacune des manifestations 2, 3, 4, 5, 6, 7, 8 et 9 de toute la France

À Lille entre 250 000 et 300 000 le 25 février. Gilets jaunes 5 000 soit 2 % ! Une seule ville fait plus que chacune des manifestations (1 ?), 2, 3, 4, 5, 6, 7, 8 et 9 de toute la France

À Versailles, le 4 mars, plus de 500 000 personnes pour la police (800 000 pour les organisateurs, près de 600 000 pour le quotidien *Le Monde*) quelques centaines à un millier soit au plus 0,2 % ! Une seule ville fait plus que chacune des manifestations 1, 2, 3, 4, 5, 6, 7, 8 et 9 de toute la France

Ces chiffres donnent le tournis et montrent bien l'extravagante imposture numérique que sont ces gilets jaunes. Cette imposture est le résultat de la perfusion permanente et hyperbolique des media qui ont découvert le samedi 11 janvier 2019 qu'un cap avait été franchi parce que leurs journalistes

avaient été pris pour cible. Un cap franchi ? Depuis le début ils sont pris à partie, depuis la première manifestation. Ils se sont fait mordre la main par ceux qu'ils ont abreuvés de sympathie et de reportages mielleux, de temps d'antenne invraisemblable. mais ces gilets jaunes-là n'aiment la presse que quand elle diffuse l'information qui lui convient. *Le Monde* a fini par en faire un article le 13 janvier 2019. Extraits : *A Rouen, une équipe de LCI composée de deux journalistes et deux agents de protection a été violemment prise à partie par plusieurs agresseurs présents dans la manifestation des « gilets jaunes ».A Paris, une équipe de journalistes de LCI a aussi été prise à partie par des manifestants et une journaliste a été jetée à terre avant d'être protégée par d'autres manifestants. Egalement ce samedi, à Toulon (Var) cette fois, deux journalistes vidéo de l'AFP ont été poursuivis par une dizaine de personnes et ont reçu « des claques dans le dos, dans la caméra » et un « coup de pied (...) dans la hanche », a raconté l'un d'eux, avant de trouver refuge dans un restaurant.*
A Marseille, une journaliste vidéo de France 3 et deux photographes locaux ont été empêchés de travailler par une dizaine de « gilets jaunes » qui les ont contraints à s'éloigner, en insultant « les journalistes qui ne font que mentir ». A Toulouse, c'est une journaliste de La Dépêche du Midi qui a été prise pour cible. Seule et réfugiée dans sa voiture, elle a vu les manifestants lui hurler : « On va te sortir et te violer », a rapporté Lionel Laparade, rédacteur en chef adjoint du journal sur Twitter. Elle a pu leur échapper grâce à l'aide de deux « gilets jaunes ». Par ailleurs, dans la nuit précédant le 12 janvier, un dépôt de La Voix du Nord a été bloqué par des « gilets jaunes », empêchant la distribution de 20 000

exemplaires du journal, tandis que d'autres manifestants empêchaient la sortie des camions du centre d'impression du quotidien L'Yonne républicaine, à Auxerre. Le secrétaire général de l'ONG Reporters sans frontières, Christophe Deloire, a lancé un « cri d'alarme » dimanche sur le plateau de BFMTV : « Incontestablement, hier, un cap a été franchi, s'est-il inquiété. On est devant une situation qui est très grave, qui menace d'empirer. »

« Critiquez-nous tant que vous voulez, c'est bien normal. Mais n'oubliez pas qu'un pays sans journalistes s'appelle une dictature », a lancé sur son compte twitter le journaliste Thomas Sotto. « Il y a les dictatures où le pouvoir enferme, torture et tue les journalistes. Et il y a les démocraties comme la France, où c'est le "peuple" auto-proclamé qui s'en charge », a réagi de son côté l'écrivain et philosophe Raphaël Enthoven. « Ce sont souvent les journalistes, photographes, vidéastes les plus précarisés qui mouillent leur chemise pour faire remonter gestes et paroles du terrain. En sus d'être d'une infinie tristesse, les images d'hier sont plus qu'inquiétantes », a également déploré l'historienne Laurence de Cock.

Cette découverte de la violence par les journalistes est une des parties prenantes de cette imposture des gilets jaunes : un mouvement bon enfant, pacifique. Depuis le début les journalistes ont été agressés, comme dit auparavant des députes, des ministres, le président ont été insultés, menacés (viol, torture, meurtre), des permanences vandalisées ou murées tout comme leurs résidences, certaines de leur voiture brûlées. Dès le début, et la presse le savait, des gilets jaunes ont été eux-mêmes menacés de mort. Levavasseur a refusé d'être chroniqueuse à cause des menaces et insultes. Mais la confirmation de cette violence inhérente à ce mouvement (la presse devra s'interroger pourquoi elle s'est volontairement aveuglée) vient de Priscillia Ludosky (une ancienne banquière n'est-ce pas amusant quand les gilets jaunes haïssent la banque ?) qui déclare sur sa page Facebook le 14 janvier 2019 (effacée depuis) ceci qui est effarant : *« Je suis enfin libre de pouvoir dire que je ne travaille plus avec Eric Drouet depuis des semaines en raison de son comportement et je compte quand tout sera terminé expliquer tout ce qu'il a pu faire pour nuire au mouvement. » [...] « Depuis des semaines (témoignages à l'appui) nous subissons son comportement, nous recevons ses menaces et aujourd'hui je suis personnellement attaquée et ça je ne l'accepte pas » [...] « il n'y a pas de place pour l'intimidation et les menaces, les mensonges et le harcèlement au sein des "gilets jaunes" »*. On ne peut passer à côté du fait qu'elle se dit enfin libre, ce qui prouve qu'elle était contrainte au sein de ce mouvement, que cela dure depuis des semaines, qu'il y avait de l'intimidation, du harcèlement, des menaces. Il faut donc comprendre que depuis longtemps il y avait non seulement dissension mais aussi une grande violence au sein même du mouvement. Enfin, elle est mignonne Priscilla Ludovski, mais elle attend qu'elle soit elle-même attaquée pour dénoncer ces violences. En somme quand cela ne la concernait pas elle directement ce n'était pas grave, c'était inutile de le dénoncer. Les media ont donné la parole à ces deux dangereux que sont Fly Rider et Drouet. Comme ce livre l'a démontré, ils sont violents, factieux. Les media, comme déjà dit, n'ont soit pas fait une enquête approfondie soit ont fermé les yeux. Du reste ces deux factieux continuent à avoir droit à d'innombrables entrevues. La Fondation Jean-Jaurès a étudié les pages Facebook de ces deux leaders., dont ils ont effacé une partie de leur historique sans doute pour masquer leurs accointances, mais cela n'aura pas été suffisant car leur likes sur les autres comptes Facebook les révèlent et dévoilent leur indéniable proximité avec l'ex-FN. Si ce n'est pas par leurs likes c'est aussi par leur directs qu'ils sont découverts. Cette étude est parue dans le *NouvelObs* du 14 janvier sous le titre : *Eric Drouet et Maxime Nicolle : que nous apprennent leurs pages Facebook ?*

Et pour en terminer avec cette imposture voici un texte délirant, d'un orgueil monstrueux, d'un sectarisme sans mesure, celui de Drouet & Cie qui devait être lu le 5 janvier avant un assemblée (sic). Ils sont le peuple. Ils insultent le Président de la République. Ils ne reconnaissent pas le résultat des votes, ils promettent la révolution. Ils ordonnent. Ils refusent le dialogue et n'acceptent uniquement que le pouvoir les reçoivent eux (ils sont bien bons), eux qui au dernier recensement du 5 janvier 2019 représentent 0,1 % des électeurs. Voici ce texte surréaliste en conclusion de ce chapitre sur l'imposture précédé d'une phrase donnée par *Le Monde* qui était peut-être, dans un premier temps, dans le texte cité, puis retiré compte tenu sa tonalité ahurissante.

« La colère va se transformer en haine si vous continuez, de votre piédestal, vous et vos semblables, à considérer le petit peuple comme des gueux »

Lettre

Nous citoyens de France, Gilets Jaunes ou non, nous vous adressons ce jour une demande solennelle. Changez d'attitude et accueillez nous autour d'une table pour discuter.

Nous nous défions de la mise en place de votre plan de consultation nationale. Nous le considérons comme un piège politique pour tenter de noyer le sujet qui vous terrifie : Redonner la souveraineté au peuple de France par la mise en place du Référendum d'Initiative Citoyenne en toute matière, mais aussi dans la mise en place d'une baisse significative toutes les taxes et impôts sur les produits de première nécessité, et enfin une baisse significative de toutes les rentes, salaires, privilèges et retraites courantes et futures des élus et hauts fonctionnaires d'état.

Trouvez donc une personnalité respectable qui n'ait pas été visée par des enquêtes judiciaires, qui n'ait été politisée en aucune façon, qui n'ait été l'objet de polémiques et qui soit sans reproches et non corrompue par le système financier et nous pourrons commencer les discussions avec cette personnalité autour de la reprise de la souveraineté du peuple de France.

Président MACRON, entendez le peuple de France maintenant et peut-être que nous serons enclins à construire la France de demain avec vous. Souvenez-vous de la révolution Orange Ukrainienne. Ne vous pensez pas au-dessus des lois et du peuple de France.

*Vous nous écrirez dans quelques jours pour partager**VOS** attentes ??*

Cette seule phrase nous suffit à confirmer que vous ne comprenez pas les attentes légitimes du peuple de France et passez de la demande légitime des Français à votre seule considération égocentrique.

Oui nous sommes bien d'accord « on ne bâtit rien sur des mensonges et des intérêts particuliers ... »

Enfin, vous nous annoncez que « Les grandes puissances privées vous inquiètes, les intérêts particuliers également ».

Tiens donc, quelles sont donc ces grandes puissances sinon celles de vos amis ? Qui sont ceux qui se font acheter par des lobbies pro Glyphosate ou groupes pétroliers qui polluent en toute complaisance avec votre bénédiction les territoires et les peuples asservis ?

Arrêtez de vous moquer ouvertement des citoyens qui portent en eux véritablement la question écologique et laissez donc les citoyens porter la grande marche pour le climat le 27 janvier prochain sans venir polluer cet évènement avec une marche de soutien à votre personnelle grandeur.

Et non, malgré vos efforts, nous ne sommes pas résignés en effet, nous nous rejoignons, nous pouvons faire mieux et nous ferons mieux. Et oui nous irons loin.
Le 03 janvier 2019 La France en colère

Affaires Rodrigues, main arrachée

Il était important de parler de cette affaire Rodrigues (et de celle de la main arrachée du jeune plombier) afin de calmer le jeu et de démontrer que Jérôme Rodrigues n'a jamais reçu de LBD dans l'œil. C'était important que l'information soit diffusée avant que la justice ne le prouve car alors tous les complotistes diraient que la justice protège la police. En regardant des vidéos, j'ai découvert une preuve irréfutable que Rodrigues n'a pas reçu de LBD lors d'une manifestation parisienne des gilets jaunes. Cette preuve irréfutable se fonde, sans contestation possible, sur la synchronisation de deux vidéos, deux vidéos des gilets jaunes eux-mêmes, les deux utilisées par l'émission *Quotidien*. L'une est celle de Jérôme Rodrigues lui-même. Il filme la scène en direct. Du reste il est amusant de l'écouter parler tout en regardant les images. Comme il sait qu'il est en direct il ne cesse de dire : « attention les black blocs vont chercher l'affrontement ». Il dit cela pour conforter cette idée qu'aucun gilet jaune n'est violent. Mais ce n'est ni ce que nous montrent ses propres images, ni les paroles que l'on entend où l'on voit bien que cette violence est présente chez les gilets jaunes, et bien présente. De plus il va lui-même au contact d'un lieu d'affrontements violents, un lieu interdit et il franchit un cordon de forces de l'ordre justement pour être au milieu de ces affrontements. L'autre vidéo est celle qui a permis à *Quotidien* de penser qu'il y avait concomitance entre le tir de LBD et la chute de Rodrigues.

Vidéo du tir, celle utilisée par *Quotidien*
https://mobile.twitter.com/Qofficiel/status/
1090335514446741504

On entend : « Oh oh là baisse ton truc ! Baisse ton truc » à 16 secondes. Plus doucement « Tu me prends la tête » fin à 17 secondes, explosion forte 22 secondes. À 25 secondes mise en pause : la commentatrice dit que cela se passe en une seconde et demie puis ensuite le tir une seconde et un dixième après donc au plus tôt à 27 secondes.

Donc entre la plus forte explosion, la première, et les paroles il y a 4 ou 5 secondes, puis entre ces paroles et la deuxième explosion plus faible il y a au moins 8 secondes et 9 pour le tir.

Vidéo de Jérôme Rodrigues
https://m.youtube.com/watch?v=JnIZ5czWoxc

Dans cette vidéo on retrouve exactement les mêmes paroles (« Tu me prends la tête ») fin à 9 minutes et 15 secondes puis à 9 minutes 20 secondes le flash, l'explosion et quasi instantanément la chute. Il y a donc 5 secondes entre les paroles et l'explosion de la grenade. Il tombe vers 20/21 secondes et est à terre à 22 secondes soit 7 secondes après la fin des paroles.

En conclusion cela ne peut absolument pas être le tir qui l'a touché puisque d'un côté le tir est au minimum 9 secondes après la fin des paroles et de l'autre lui est déjà au sol 7 secondes après. De toutes façons les images mises en parallèle ne laissent strictement aucun doute, Jérôme Rodrigues est déjà à terre bien avant le tir de LBD. De plus la première vidéo est filmée assez proche de Jérôme Rodrigues et de ce fait la deuxième explosion, qui est bien plus faible que la première, ne peut être proche. Elle est à peine plus forte que le ploc de la balle de défense que l'on entend juste après (ploc qui est donc la troisième explosion). Cette deuxième explosion est donc une explosion plus loin, ailleurs. C'est la volonté de prouver que c'est une LBD qui a causé la blessure qui a fait ignorer la première explosion (la plus forte) pour coller au discours de la succession immédiate de la grenade et de la balle (deuxième explosion plus faible et troisième juste un ploc). Les faits incontestables prouvent que ce n'est pas possible, cela va même plus loin, puisque la vidéo montre un seul tir, qu'il n'y en a pas avant, cela prouve avec certitude que Jérome Rodrigues n'a pas été touché par une de ces fameuses LBD. *Le Parisien* a retrouvé celui qui a tiré et dont le tir avait été consigné et faisait partie de ceux intervenus place de la Bastille lors de cette journée de manifestation.

Enfin les complotistes et tous les politiques, notamment d'extrême gauche, auront beaucoup de mal à dire que ces vidéos sont trafiquées puisque les deux proviennent des gilets jaunes eux-mêmes.

J'espère que *Quotidien* présentera un jour ses excuses, aurais espéré que la presse, les media auraient fait autant de bruit avec cette information capitale et qu'ils auraient rappelé les paroles très graves de Rodrigues : *Le gilet jaune, figure connue dans le mouvement, a dénoncé "une tentative de meurtre orchestrée par le policier mandaté par Macron et son chien Castaner"* (BFM) et que l'ordre des avocats demandera officiellement à l'avocat de la victime d'être beaucoup plus prudent dans ses affirmations. Notez que Rodrigues se prend pour Kennedy, et qu'il fait une accusation gravissime et diffamatoire tant vis-à-vis de Macron, que de Castaner et que d'un possible policier qui aurait volontairement tiré sur lui pour l'assassiner. Passons sur la boursoufflure de ce gars qui ressort de ces paroles et l'immense stupidité de celles-ci.

Vous trouverez ci-dessous une série de copies d'écran (puisque légalement nous n'avons pas le droit de télécharger les vidéos j'ai fait un montage de vidéos en parallèle dans le navigateur Internet et ai pris des copies d'écran). Sur chacune on voit le temps. Il sera tout à fait possible de vérifier et de contrôler les images avec le son. Ces images sont les superpositions des deux vidéos, en haut celle utilisée par *Quotidien*, en bas celle de Rodrigues.

1ère image on arrive à la fin de : *tu me prends la tête*

2ème image c'est l'explosion de la grenade (le son seulement
sur celle du haut)

3ème image jet objet qui prouve que la réaction de ces hommes est postérieure à une attaque et non comme le clame les gilets jaunes sans aucune raison

4ème image Jérôme Rodrigues est complètement à terre et nous sommes encore loin du tir

5ème image juste au moment où le *Quotidien* fait une pause (avec commentaire) image donc postérieure à la précédente, Jérôme Rodrigues est à terre

6ème image le tir, Rodrigues est à terre. Il s'est passé au minimum 3 secondes entre le tir et Rodrigues déjà au sol

Il faut savoir que ce fait a été envoyé par mon éditeur à 80 journalistes le 31 janvier dernier, dont vingt eu au téléphone précédemment et quatre spécifiquement pour cette preuve (*Le*

Parisien, Le Figaro, l'AFP et *le JDD*). Tous les grands journaux et hebdomadaires ont eu cette preuve en main. Aucun ne l'a publiée. Ce qui est éthiquement, déontologiquement grave. Ce qui est grave car les gilets jaunes se servent de Rodrigues comme d'un martyr ayant perdu son œil à cause d'une LDB ce qui est faux. Cette preuve ayant été envoyée le 31 janvier est confortée par la suite de l'enquête annoncée mercredi 13 février par BFM TV comme quoi le sang sur la LBD trouvée sur place ne serait pas celui de Jérôme Rodrigues. Jérôme Rodrigues qui a déclaré avoir été opéré pendant 8 à 9 heures sans qu'il ne soit contredit alors que c'est tout simplement impossible. Du fait qu'il est le blessé sa parole serait d'évangiles et s'il dit que c'est une LBD c'est une LBD alors que non, ce n'est pas une LBD.

De même voici ci-dessous une autre vidéo qui prouve que le jeune plombier (un gilet jaune puisque son père le dit, mais un gilet jaune qui s'habille de noir, se couvre le visage, porte des gants - et un brassard jaune - va au contact, cherche l'affrontement) n'a pas reçu la grenade sur la jambe, n'a pas fait un geste pour la faire partir et se protéger, mais est allé chercher au sol une grenade arrêtée à plusieurs pas de lui, pour sans doute la relancer sur les forces de l'ordre acculées contre la grille de l'Assemblée Nationale que voulaient envahir ces pacifistes (comme ils disent au lieu de pacifiques) gilets jaunes. Cette vidéo : https://www.youtube.com/watch?v=uygTuvieeEU

Pour cet autre cas, autre héros des gilets jaunes, alors que l'éditeur a aussi fait parvenir cette vidéo à tous les journaux, qui a été reprise par BFM, *Le Figaro* fait un grand article sur la version du jeune plombier qui affirme qu'il était aveuglé par des lacrymogènes et que c'est la grenade qui est venue jusqu'à lui. *Le Figaro*, tout en incluant dans son texte la vidéo, elle-même intégrée à un extrait d'une émission de BFM TV, ne trouve pas mieux de mettre en titre le terme de version du jeune homme, de défiler sa version sans aucune contradiction comme si elle ne pouvait pas être totalement démontée par les images et ne se sert de l'émission de BFM que pour parler du policier qui dit qu'il l'a ben mérité. Ce journal est donc incapable de contredire un mensonge évident alors même qu'il publie dans son article la preuve de ce mensonge en arrière fond de l'extrait vidéo de l'émission. Et pourtant les media ne se gênent pas pour, par exemple, lorsque le *Quotidien* a sorti sa fameuse enquête bâclée, de s'en servir pour dire que la version de Castaner disant que Rodrigues n'avait pas été blessé par un LBD était contredite (et pourtant à tort) par la vidéo de *Quotidien*.

La preuve manifeste que j'ai découverte est transmise à la justice par l'éditeur.

Bonus : Affaire Benalla

Cette affaire est tout simplement extravagante à plus d'un titre. Elle n'est en aucune manière à l'honneur *du Monde*. Ce n'est pas - ou à la marge, à cause de rancœur personnelle peut-être - une affaire montée par le journal, ou un complot si l'on veut, contre Macron. C'est autre chose, une affaire dégradante et une insulte à la déontologie, au journalisme d'investigation. Tous les règles fondamentales ont été bafouées au profit du spectaculaire : mesure, recherche de la vérité, parole donnée à toutes les parties, prudence, vérification des faits, prise de recul. Tout un travail d'investigation n'a pas été fait au profit d'approximation, d'immédiateté et de sur-abondance d'articles. Une sorte d'échauffement d'une machine devenue folle qui accumule les articles pour se prouver qu'elle a raison. Tous les éléments qui sont apparus successivement au lieu de démonter que ce fut une affaire d'état, ou que ce furent en fait deux affaires d'état, ont prouvé que ce n'était qu'une affaire d'un homme devenu hors raison. Les faits eux-mêmes s'ils sont graves, non réellement en eux mais du fait du rapport de Benalla avec le pouvoir, n'ont strictement rien à voir avec une affaire d'état. Il y a eu des dysfonctionnements, des erreurs d'appréciation, mais tout ce qui a prouvé que ces erreurs étaient véniels a été retourné pour faire croire à un affaire d'état. En réalité il n'y a bien eu que *Le Monde* et tous les politiques à qui cela rendait un fier service, et des commentateurs, engagés comme l'on dit, pour croire à cette fable d'état comme l'a rappelé Laurent Cayrole lors de la seconde affaire Benalla, celle des passeports, et nombre d'historiens.

D'où vient donc cet emballement ahurissant ? Imaginez un, peu il y a eu dans ce journal jusqu'à 19 articles sur cette affaire en un jour ! 19 ! Faites un recherche sur le site *du Monde* entre le 17 juillet 2018 et le 1er octobre 2018 il y a eu 310 articles pour 75 jours soit 4,13 articles par jour en moyenne y compris WE, jours fériés ! Tenez vous bien 212 jusqu'au 15 août soit 7 de moyenne ! 7 articles de moyenne par jour dans *Le Monde* ! Vous seriez en entreprise vous pourriez attaquer votre patron pour harcèlement. Ce dernier chiffre est tout simplement totalement fou. Il n'y pas dû y avoir autant d'articles pour la guerre en Irak. Ce chiffre totalement démesuré, confine à la folie totale. Ce chiffre à lui seul démontre que *Le Monde* était tout simplement comme disent les Anglo-saxons *out of control*. Un jour peut-être un psychologue s'attaquera-t-il à comprendre cette démence journalistique. Imaginez que les affaires autrement plus graves telles que Karachi, le financement libyen de la campagne de Sarkozy (au passage *Le Monde* a pour cette affaire été d'une prudence absolue, niant les preuves de *Mediapart*, prudence oubliée pour Benalla), l'affaire Buisson qui est quand même avec la mise en examen d'Emmanuelle Mignon, à l'époque une des plus proches collaboratrices de Sarkozy, pour détournement de fonds publics, Buisson qui a enregistré le président de la République, donc une affaire autrement plus grave que celle de Benalla n'en ont pas fait pour ce journal un dixième si ce n'est un centième. Ce journal s'est pris à son propre piège et comme un menteur qui ne cesse d'augmenter le nombre de ses mensonges pour s'en sortir n'a eu de cesse de charger la barque pour se prouver à lui-même que c'était une affaire d'état. Le pécher originel, car il y en a un à mon sens c'est l'orgueil, le rêve du scoop du siècle, celui d'être l'ultime lanceur d'alerte, celui qui par son travail acharné va révéler les immenses turpitudes du pouvoir, le cavalier blanc, le sauveur de la démocratie. Cette affaire Benalla est pour *Le Monde* une espèce de préquel des gilets jaunes. On y retrouvera le même manque de déontologie et de professionnalisme.

Le Monde s'est pris pour le *Washington post* et a fait croire que nous assistions à un Watergate à la française. Si ce n'était grave ce serait d'un ridicule achevé. Rappelons juste quelques éléments factuels du Watergate pour monter à quel point il y a une distance infinie entre ce scandale qui a abouti à la démission de Nixon et l'affaire Benalla. Il s'agit, pour le Watergate, effectivement d'une affaire gravissime qui implique le pouvoir à son plus haut niveau. En 2012 des cambrioleurs sont arrêtés alors qu'ils mettaient en place des micros dans les locaux du Parti Démocrate. L'enquête du FBI dans un premier temps ne donne pas grand chose. Mais deux journalistes informés par une personne appelée Gorge profonde (Deep throat) leur permettra de faire éclater le scandale. C'est effectivement un gigantesque scandale avec l'implication d'anciens de la CIA, du FBI, de la corruption au sein du pouvoir, des tentatives pour bloquer la justice, une enquête sénatoriale, le financement par des fonds de la pègre d'une structure dont le rôle est d'aider à la réélection de Nixon (Comité pour la réélection du Président). Ah en France on aura bien deux enquêtes totalement déplacées au Sénat et à l'Assemblée Nationale. C'est bien le seul rapport avec le Watergate. *Le Monde* n'aura jamais été le *Washington Post* et ses journalistes ne seront jamais des Bob Woodward et Carl Bernstein. Comment peut-on imaginer une seule seconde que l'affaire Benalla ait un minime rapport avec le Watergate qu'il en s'agisse des faits ou de l'importance ? Seul un orgueil démesuré et son appendice l'aveuglement peuvent le permettre. Le reste n'est que littérature. Bien évidemment les politiques opposés à Macron se sont engouffrés dans l'affaire ne sachant lequel serait le plus agressifs dans la surenchère.

Il ne s'agit pas ici de détailler tous les faits, qui ne sont pas si nombreux mais de montrer comment on peut s'aveugler et les détourner. Il y a une chose qui, dans les affaires criminelles est incontournable, c'est la chronologie à laquelle s'associe une obligation pour la vérité qui est la rigueur. La recherche de tous les faits s'impose quand on est honnête et l'on ne doit pas mettre sous le tapis ceux qui ne vont pas dans le sens que l'on souhaite. On ne doit pas grossir le trait par le vocabulaire inadéquat. On ne doit pas détourner la vérité. Ce qui est parfaitement fascinant, comme cela le sera pour les gilets jaunes, c'est que le commentaire l'emporte sur le fait. Tout part d'une vidéo montrant Alexandre Benalla malmener un jeune homme lors des manifestations du premier mai. Une première vidéo, celle qui sera à l'origine de tout est filmée par un militant actif des Insoumis : Taha Bouhafs. Un mot sur cette personne. Il a été candidat Insoumis à la députation en Isère, mais surtout non seulement il a permis à la diffusion d'une fausse information comme quoi il y avait un blessé grave à Tolbiac, qu'on avait vu une tache de sang, que la victime serait peut-être morte, mais en plus quand la contre-enquête a été effectuée notamment par *Libération* (http://www.liberation.fr/

france/2018/04/24/blesse-grave-a-tolbiac-un-temoin-avoue-avoir-menti-le-site-reporterre-retropedale_1645623) où on découvre qu'un témoin avait menti, voici ce qu'il écrit le 24 avril 2018 sur Facebook, un grand classique des complotistes : « *Ne relayer pas l'article de libération parlant de rétropédalage concernant tolbiac. Ce n'est que mensonges et calomnie.*

Après avoir voulu nous faire taire nous empêcher de parler, après nous avoir voulu nous intimider et nous faire peur, après nous avoir lâchés à la vindicte populaire et aux chiens fascistes, aujourd'hui ils mentent comme des arracheurs de dents pour nous discréditer.

La journaliste en question a demander le contact avec les témoins ce qui lui a été refusé pour protéger les témoins qui ont rdv dans la semaine avec l'avocat.

Elle a ensuite sollicité Leila qui lui a répondu qu'elle ne donnait aucune interview.

Cet article est un torchon, et toute la machine politico-médiatique se met en marche contre des étudiants résistants.
ON NE LÂCHERA RIEN !
hasta la victoria siempre ! »

La vidéo (https://www.youtube.com/watch?v=PgjUeK6lCJk) de ce militant Insoumis est accompagné de sa parole : « Regardez bien sa tête ! Regardez bien sa tête ! Il l'a tabassé par terre ! Il l'a tabassé par terre ! » Cette vidéo est publiée le 2 mai. Il faut attendre le 18 juillet pour que *Le Monde* révèle qui est la personne que l'on voit sur la vidéo malmener un jeune homme. Il s'agit d'un collaborateur de l'Élysée, le fameux Alexandre Benalla. Et c'est le début de l'affaire hystérique de Benalla.

Dans une telle affaire révéler qui est cette personne est juste et justifiée. Dans une telle affaire on va beaucoup plus loin : on essaye savoir d'autres vidéos (ce que fera *Libération* plus tardivement, le 23 juillet) on interroge la personne en cause. On fait une enquête en somme. Là on jette un homme en pâture sans procès. Vous pouvez vous-mêmes regarder cette vidéo au ralenti et vous pouvez vous faire votre opinion. On y reviendra. Les faits sont pourtant simples : le premier mai Benalla intervient sur un jeune homme violent qui a jeté une carafe d'eau sur un CRS. Le jeune homme est arrêté par la police. Ben alla le met à terre avec rudesse puis s'en va sous les cris du vidéaste Insoumis. C'est le premier mai. Dès que l'Élysée est au courant, Benalla est convoqué, sanctionné par une mise à pied de 15 jours sans traitement puis perd certaines de ses attributions. En regardant la vidéo, après conseil auprès des instances compétentes, il n'y a aucune action en justice engagée contre lui. À ce moment-là, sur ces images il n'a pas de brassard de la police. Comme tout citoyen il est dans son droit d'intervenir contre un manifestant violent, ou du moins il est au moins dans la frange de la légalité. **Le jeune homme n'a pas porté plainte**. En regard de ses faits, la sanction qui le frappe, compte tenu de son statut qui lui impose de la réserve, est totalement en rapport de ce qui s'est passé. Il n'y a aucune affaire d'état. *Le Monde* s'empare de l'affaire en découvrant que sur la vidéo c'est Benalla. Et tout s'emballe, tout devient fou. Ce journal ne fait pas son enquête correctement à ce moment-là et par un vocabulaire provoque le scandale. Tout

d'abord, ce qui est insensé c'est qu'il parle de **passage à tabac**. *Le Monde* est fasciné par les paroles de l'Insoumis qui vont avec la vidéo, comme si ces paroles avaient un effet performatif et aveuglant ne lui permettant pas de constater ce que ses yeux lui montrent c'est-à-dire qu'il n'y a aucun passage à tabac. Ensuite s'ajoute un autre mot : étouffer. L'Élysée aurait voulu étouffer l'affaire, le scandale. Comment peut-on étouffer une affaire qui n'est pas sortie ni même a commencé à sortir ? Comment ose-t-on confondre « ne pas parler » de ce qui est considéré comme une affaire réglée et « camoufler » ? Et en quoi l'Élysée était-il obligé de mettre sur la place publique cette affaire ? On va dire ensuite que le pouvoir n'a pas sanctionné assez vite (le lendemain) et assez fort (simple mise à pied avec pourtant retrait d'attribution et suspension de salaire). Mais ces questions viennent alors que trois autres faits se sont ajoutés au premier qui a été, rappelons-le, sanctionné comme il se devait. Il n'y avait pas eu de blessé, pas de plainte, et l'individu était violent et avait attaqué un CRS avec une carafe d'eau. Les trois faits sont les suivants :
- port d'un brassard de police (qu'il n'avait pas dans l'affaire du jeune homme ce qui a une grande importance)
- une vidéo d'une caméra de surveillance arrivé jusqu'à Benalla
- plainte du couple

On ne se trouve donc après le 18 juillet dans une configuration toute autre. D'abord la plainte entraînant obligatoirement une enquête. Obligatoirement. Il ne pouvait donc pas y avoir de saisie de la justice avant et non plus de la part du pouvoir qui ayant questionné les services concernés - et qui de fait avait fait leur boulot - n'avait pas porté plainte, tout comme, il faut le rappeler, il n'y avait pas eu de plainte contre le couple, ce que la presse n'a pas relevé car il y a là une parfaite symétrie et ce qui la choque concernent Benalla (pas de plainte), ne la choque pas concernant le couple. Il y aura donc aussi une plainte contre ce couple. Là la presse ne s'inquiète donc pas que le pouvoir n'a pas agi contre ce couple, il est vrai présenté par *Le Monde* comme un gentil couple inoffensif qui venait fêter leur coup de foudre en mangeant une crêpe et en lançant cendrier et carafe sur les CRS tout en les insultant. Cet écart entre ce qui était le cas le premier mai (pas de plainte, pas de brassard sur les images) et ce qu'il en est après le 18 juillet, plainte et découvert ailleurs que Benalla avait un brassard, n'est absolument pas pris en compte par le journal. Ce journal qui aurait dû avoir tous les éléments avant de publier son article (mise à pied, suspension de traitement, suppression d'attributions, changement de poste, consultation des servies pour savoir s'il fallait porter plainte) ne le fait pas et jette la suspicion. Passage à tabac, étouffer l'affaire. Le fait que Benalla ait eu un casque n'est en rien répréhensible. Il n'est pas le premier à être invité à assister comme observateur à une manifestation au sein de la police et à avoir une protection. C'est une norme. En revanche le brassard est usurpé et il est poursuivi pour cela, mais, rappelons-le dans l'affaire lancée par *Le Monde*, il s'agit de la mise à terre du violent jeune homme, non le brassard. Reste le fameux DVD de la vidéosurveillance transmis à Benalla, mais remis par lui à l'Élysée. C'est à tomber à la renverse de la part de deux journaux que sont *Mediapart* et *Le Monde*. Benalla reçoit une vidéo légale d'une caméra de surveillance, transmise hors cadre légal, pour lui permettre de se défendre. Souvenez-vous d'une autre affaire, bien plus grave : l'affaire Bettencourt. *Mediapart* en tête diffuse publiquement par petit bout, un enregistrement illégal du majordome de Liliane Bettencourt. Cet enregistrement est totalement illégal. Les journaux le diffusent publiquement. Ces journaux se défendent de le faire pour faire éclater la vérité. Ainsi en serait-il, qu'eux auraient le droit (confirmé par la justice) de diffuser un enregistrement illégal pour faire éclater la vérité, et ces mêmes tombent à bras raccourcis sur Benalla alors qu'il n'a pas utilisé une vidéo légale, transmise illégalement qui lui permettrait de se défendre. Ainsi donc selon ces justiciers, eux auraient le droit de faire éclater la vérité y compris en recelant une violation de la loi, et un homme n'aurait pas le droit de se défendre avec une vidéo qui pourrait prouver sa bonne foi ? Ce sont des tartuffes.

Un mot encore. On apprend ensuite que le jeune homme va voir un médecin 11 jours après et toute personne un peu sensée sait que si les violences étaient telles que décrites par *Le Monde* (passage à tabac, mais contraire à ce que montre la vidéo) c'est immédiatement que l'on va à l'hôpital se faire soigner et que 11 jours après non seulement prouve que ce n'est pas grave mais surtout qu'il ne peut y avoir aucune preuve que chaque blessure aurait été les conséquences de ce qui s'est passé 11 jours avant. Je ne dis pas cela pour nier la mise à terre brutale puisque la vidéo le montre, mais pour des raisons de validité juridique et en regard de l'expression passage à tabac. De plus il a eu un certificat pour un arrêt de travail non à cause des coups, mais pour un tour de rein qu'il s'est fait dans la douche. De plus le certificat qu'il a apporté à son avocat était un faux car non original et refait à sa demande. Bon là, la femme médecin a fait une erreur qu'il serait vain et stupide de condamner. Ce qui compte c'est le délai de 11 jours qui ne peut que mettre en doute la nature et surtout l'importance des coups. De toutes façons les images sont là pour le prouver. Ces informations démontrent que ce qui est considéré comme un acte de barbarie n'a rien à voir avec cela. S'informer est le rôle d'une enquête. *Le JDD* relayé par *Le Point* du 25 novembre l'a fait pour *Le Monde*. Et voici ce qu'il ressort de ce jeune homme : *Le casier de Georgios D. est vierge tant en France qu'en Grèce, mais le JDD révèle qu'il « figurerait dans les fichiers des services helléniques pour ses relations avec des groupes clandestins en Allemagne, classé comme anarchiste. » Il serait aussi soupçonné d'avoir participé à plusieurs actions illégales en Catalogne par la police antiterroriste espagnole, et les services de renseignements chiliens l'auraient aussi surveillé à un moment « sans que l'on sache précisément pourquoi », précise* l'hebdomadaire.

La fable du jeune-homme a politique, non violent venu fêter le coup de foudre d'une crêpe à la Contrescarpe aura fait long feu.

Que peut-on donc reprocher *au Monde* ? Un manque d'éthique confondant, une enquête bâclée à charge, une déformation de faits, un vocabulaire faussant la réalité, l'occultation de faits comme le contexte, les sanctions, une volonté de ne tenir aucun compte de la relativité puis de la gradation des faits, une quantité ahurissante articles, un travail salopé et une présentation mensongère, outrée, le reproche de faits amalgamés alors que découverts ultérieurement (le bandeau, la plainte), l'extension à de rumeurs (appartement, travaux), l'élargissement à une suspicion généralisée (et pourquoi on le protège, qu'y a-t-il dessous alors qu'il n'était pas spécialement protégé ?). Les conséquences sont gravissimes car cela a déstabilisé profondément un pouvoir pour des faits qui n'en valaient absolument pas la peine. Cette déstabilisation a eu ensuite un effet certain sur la création et le développement des gilets jaunes car le pouvoir étant affaibli, décrédibilisé, il y avait une brèche ensuite élargie par les media par leur comportement partial, enamouré et irresponsable. Les conséquences sont profondes et ont déclenché des réactions tout autant dépourvues de sens et de mesure. On a vu s'engouffrer les opposants à Macron, voulant ainsi vérifier leur théorie du pouvoir ignoble, combinard. Il y a donc eu parmi les hurleurs, les complotistes bien sûr, les politiques extrêmes selon leur habitude de déstabilisation du pouvoir, les opposants et parmi eux ceux qui savaient pertinemment que ce n'état pas une affaire d'état mais, sans morale et faibles en fin de compte, qui en ont profité et peu importe les dégâts contre la démocratie pourvu que cela serve leur cause. Il y a aussi dans la majorité ceux qui se sont crus des héros qui osaient défier le pouvoir, eux, chevalier blancs de la vérité et de la pureté n'avaient pas peur de dire qu'ils n'étaient pas d'accord, que Macron avait à rendre des comptes. Ah mais ! bombant le torse et tapant du pied. Pauvres hères qui se prennent pour des Robin de bois et à qui on tend non la forêt de Sherwood mais de micros, trop contente qu'est la presse de trouver des alliés dans le camp même de Macron. Il y en a eu un , dont je ne citerai pas le nom, tant il fut médiocre, se rengorgeant comme un paon, mais un cerveau de moineau. Il a osé parler de milice. Ce député sait-il ce qu'est une milice ? En voilà un qui est parti au quart de tour de la boîte à fantasmes ouverte par la presse : la police parallèle. Ce pauvre député a donc cru que Macron aurait créé une police parallèle, une police parallèle d'un seul membre, qui sans avertir son chef fait son petit truc dans son coin, un jour de congé. Comment peut-on dire une ineptie de ce niveau ? Une milice est composée de durs qui appliquent sans états d'âme une politique répressive avec prison, torture, camp et morts. N'a-t-il pas honte et tous ceux avec lui qui ont comparé Benalla à un membre d'une milice de Macron ? Et que penser de Larrivé, un guignol qui s'est pris pour Fouquier-Tinville ? Qu'il ne finisse pas comme lui. Il a péroré lors d'une commission qui n'avait aucune raison d'être. Ah lui il s'est pris pour Saint-Just. Il n' a été qu'un roquet imbu de sa personne qui s'est cru sur la scène théâtrale de l'Histoire. C'est pathétique. Toute cette histoire est effectivement une tempête dans un verre d'eau. Cela ne veut pas dire qu'il n'y ait eu aucune erreur de la part de l'Élysée. Erreur du choix de Benalla ? Il semble que pour sa fonction pendant plus de deux ans il ait été parfait. Organisateur hors pair. Pouvait-on prévoir que cela lui monterait tant à la tête d'être si proche du pouvoir qu'il en fait trop et se prendrait pour libre de faire ce qu'il voulait ? Peut-être, et c'est donc une faute. Mais jamais l'Élysée ne lui a demandé lors de son congé d'aller prêter main forte à la police qui n'en avait pas besoin. l'Élysée ne lui a pas demandé de porter un brassard police. L'Élysée ne lui a pas donné une mission secrète, ni une mission de basse police. L'Élysée a-t-il réagit comme il le fallait ? Oui compte tenu de ce qui était connu le 2 mai. Benalla a-t-il profité d'aide, de connivence dans certains milieux policiers ? Oui. Etait-ce répréhensible ? Oui pour le brassard, non pour le casque, non pour sa présence le 1er mai. Oui en regard de la loi pour le DVD de la vidéo de surveillance, mais non en regard de l'affaire Bettencourt et en regard de la vérité et de du droit à sa défense. Cette affaire à avoir avec l'ubris de Benalla mais l'orgueil, l'aveuglement, dans cet aveuglement d'une presse se rêvant *Washington Post,* la volonté quasi hystérique de nuire d'une opposition déchaînée, le régal des complotistes, la croyance de certains d'être des purs sachant dire la vraie vérité sur le pouvoir quand bien même ils seraient dans la majorité. On se trouve dans le cas typique du roi est nu. Tous s'auto-convainquent, tous s'auto-embrigadent. Il y en a par mauvaise foi, d'autres par orgueil, d'autres encore par structure intellectuelle (l'extrême gauche, l'extrême droite, les complotistes, les « comme c'est bizarre » ou les « comme par hasard »). *Le Monde* a mis en route la machine à fantasmes, et il fut défendu dans les commentaires par des arguments si faciles du genre : « vous attaquez la presse parce qu'elle est libre, parce qu'elle montre les turpitudes du pouvoir. » Arguments faciles et efficaces. Non *Le Monde* n'a ni montré, ni démontré quelque turpitude que ce soit. Il n'a pas fait son travail, s'est pris à son propre piège qui fut comme une tornade augmentant sans cesse d'énergie au fur et à mesure que le temps passait, s'enfonçant dans des convictions frelatées et mensongères.

Ce fut exactement le même mécanisme, comme si *Le Monde* était incapable de tirer des leçons, de lire les commentaires et de ne pas les considérer comme tas de macrolâtres sans cervelles, de fanatiques de Macron qui le défendraient y compris s'il venait massacrer toute une classe avec un fusil mitrailleur. Le même mécanisme pour les passeports diplomatiques. Même insinuations, même manque d'enquêter.

Benalla déclare avoir laissé ses passeports diplomatiques à l'Élysée et plus tard qu'on les lui a rendus en octobre de façon rocambolesque dans une petite rue à côté de l'Élysée. Il les a utilisés pour ses voyages d'affaires jusqu'en décembre. Alors tout y passe : pourquoi a-t-il encore ses passeports ? Pourquoi deux ? Et évidemment la même machine à fantasmes : il est l'envoyé occulte de Macron. Politique étrangère parallèle. Françafrique etc.

Les faits maintenant, rappelant que ces articles *du Monde* débutent fin décembre.

Chronologie des faits avérés :

1- le 30 mai 2017 une demande d'un premier passeport valable un an émis le 2 juin 2017

2- le 18 septembre deuxième demande de passeport car Benalla a un contrat de 5 ans émis le 20 septembre pour 5 ans

3- évènements du 1er mai 2018

4- le 2 mai 2018 mis à pied de Benalla sans traitement et modification de son poste avec pertes de certaines attributions

5- le 23 mai 2018 demande d'un passeport directement par Benalla sans passer par la hiérarchie, le ministère des affaires étrangères n'étant pas au courant de sa mise à pied le lui délivre le 24 mai 2018 pour une durée de 4 ans et 4 mois. Il est accusé par l'Élysée d'avoir éventuellement fait un faux pour l'obtenir. Le jour même Alexandre Benalla avait signé un engagement de restitution de ses passeports !

6- le 20 juillet 2018 licenciement de Benalla qui n'est pas revenu depuis à l'Élysée

7- le 25 juillet 2018 une perquisition du bureau de Benalla à l'Élysée est faite : pas de passeport

8- le 26 juillet 2018 une lettre recommandée lui est envoyée et est reçue lui demandant de rendre ses passeports

9- le 30 juillet 2018 les deux passeports de service sont débranchés par le ministère de l'intérieur la veille de son départ

10- le 2 août 2018 un inventaire a été fait par les services de l'Élysée et aucun passeport n'a été trouvé

11- le 10 septembre, nouvelle demande par lettre recommandée auprès de Benalla de rendre ses passeports

12- le 8 novembre 2018 une action est menée (rarissime) pour bloquer son passeport à la demande du quai d'Orsay. Or cette situation est totalement inédite. Il est impossible de bloquer un tel passeport auprès du ministère de l'intérieur sans action judiciaire

13- le 19 décembre 2018 nouvelle demande d'invalidation.

14- le 11 janvier 2019 Benalla par l'intermédiaire de son avocat ne rend qu'un des deux passeports

15- le 14 janvier 2019 confirmation par le ministère des affaires étrangères que Benalla a utilisé presque une vingtaine de fois ses passeports entre le 1er août 2018 et le 31 décembre. On apprend également que Benalla a été intégré dans les fichiers d'Interpol et de Schengen. Il ne peut plus utiliser ses passeports diplomatiques.

16- le 17 janvier Benalla en garde à vue après signalement de l'Élysée suivie d'une nouvelle mise en examen et de placement en témoin assisté pour le possible faux en écriture.

Alors dans la boîte à fantasmes il y a cette question : et pourquoi donc a-t-il deux passeports ? *Le Monde* serait-il si inculte qu'il ignorerait que des milliers de Français ont deux passeports, tous ceux qui travaillent à la fois avec Israël et à la fois avec les pays arabes ? Tous ont deux passeports car un visa d'Israël sur leur passeport les bloquerait à la frontière d'un pays arabe. Connu, simple, courant. Alors le terme même de passeport diplomatique joue à plein, sauf qu'un passeport diplomatique n'est pas une lettre d'accréditation. Par ailleurs serait-ce prendre les dirigeants des pays visités comme de purs abrutis, ignorant tout de ce qui est reproché à Benalla dans son pays ? Ces ânes bâtés ne se renseigneraient-ils donc pas si Benalla venait à se réclamer de la France ? Mais pour un complotiste ou un Plenel, c'est une super ruse du pouvoir. On profite de son image dégradée, du fait que personne ne peut vraiment lui faire confiance, pour lui confier des missions top secrètes. Une superbe couverture, hein ? Bien sûr. Ça c'est le monde Dan Brown, pas celui de la réalité. Donc ces faits connus, cette chronologie de l'action du pouvoir pour récupérer puis bloquer les passeports de Benalla ne sont connus qu'après que le nouveau scandale nouveau est arrivé. Après. Pourquoi pas avant ? Pourquoi l'enquête n'a-t-elle pas été faite ? Dans une tentative désespérée de prouver que le premier volet était bien une affaire d'état ? Et que cette affaire d'état a encore plus de ramifications que prévu ? Que Benalla fait peut-être chanter le président, non ? Qu'il a un pouvoir démesuré sur le pouvoir ? Alors et pourquoi donc l'Élysée a-t-il été obligé de dire que Benalla n'avait aucune mission ni officielle ni officieuse ? Mais c'est tout simple. Obligé car *Le Monde* a lancé la suspicion. Il n'y avait aucun autre moyen d'agir. On a dit aussi comment se ferait-il que l'Élysée ne fût pas au courant qu'il utilisait son passeport. Ce fut même cette explication absurde que les ambassades devaient bien être au courant. Comment peut-on sortir une telle stupidité ? En quoi et comment une ambassade pourrait-elle être au courant qu'une personne utilise à la frontière d'un pays étranger son passeport diplomatique ? Comment ? Ce seraient donc les services aux frontières de ce pays étranger qui prendraient contact avec l'ambassade ou le consulat pour leur dire : Eh nous avons un gars qui vient de passer la frontière avec son passeport diplomatique, cela vous intéresse ? Si c'est une délégation officielle, tout le monde est au courant. Si c'est un individu comme des milliers jamais personne ne va s'inquiéter de son usage au ministère des affaires étrangères quand il va dans un autre pays. Pas plus que quand il rentre en France on va s'en inquiéter. Et enfin Benalla est-il allé se présenter dans ces ambassades et leur dire qu'il avait utilisé son passeport ? C'est donc en toute logique que l'Élysée pouvait très bien ignorer qu'il les utilisait. En toute logique. Le reste n'est qu'invention et méconnaissance total du fonctionnement du franchissement d'une frontière. D'évidence ses passeports ont été pour lui une facilité de franchissement de frontières et aussi pour flamber, mais cela ne peut impressionner que ceux qui veulent l'être. Il faut aussi se poser la question de savoir si les déplacements de Benalla étaient illégaux. A-t-il pu grâce à ces passeports faire du trafic d'armes ? Est-il un dangereux terroriste ? Fait-il avec eux du trafic de drogue ? Quelles sont les réelles conséquences de utilisation de ces passeports ? Graves ? Nulles ? Outre le fait de l'illégalité de les utiliser ce pour quoi une enquête est en cours, les conséquences sont nulles. C'est un fait. Sauf si on prouve qu'ils lui ont permis de faire du trafic. On le voit par les déclarations au Sénat des ministres sur cette affaire qu'ils n'étaient pas au courant de l'usage du passeport diplomatique et qu'il a fallu qu'ils demandent aux différents états comme le Tchad et Israël pour que les états le confirment. Si l'ambassade de France du Tchad a été au courant de son déplacement (mais non de l'usage du passeport diplomatique) c'est parce qu'il y a rencontré le frère du chef de l'état. Si on regarde la chronologie des faits avérés on se rend compte que l'Élysée a fait tout ce qu'il devait faire, que c'est surtout une conjonction de la volonté de Benalla de ne pas rendre les passeports et de la structure même qui est incapable d'invalider rapidement ces passeports car ce fait n'est jamais arrivé auparavant du moins dans les décennies passées. Et on s'aperçoit surtout à partir d'une information qui passe inaperçue dans le sens où elle dédouane le pouvoir et démontre en même temps que Benalla est en fait rusé, sans scrupules, c'est que le jour même où il s'engage à rendre son passeport, visiblement avec un faux du moins selon l'accusation de l'Élysée, il se fait faire un nouveau passeport le justifiant par ses déplacements. N'oublions pas que nous sommes en mai et non en juin ni juillet. Donc il se fait faire un passeport en doublon sachant qu'il n'a pas le droit de le faire faire. Cela relève de la crapulerie de sa part et d'un dysfonctionnement des services de l'état par non connaissance de certaines informations. Mais cela ne va pas plus loin et n'est certainement pas une affaire d'état et les conséquences ne sont que pour l'image de la France par cette affaire montée comme si c'était le Watergate français numéro 2.

Dans ce second volet il y a l'affaire dans l'affaire : Macron a-t-il échangé via *Telegram* avec Benalla ? Benalla n'est pas arrivé là où il en est sans avoir un minimum d'intelligence. Et sans doute un maximum d'orgueil et de culot. Il se prend pour le conseiller occulte de Macron (ou veut le faire croire) et pour cela il lui envoie des messages ce qui le conforte lui dans son orgueil et peut blouser ses interlocuteurs. Macron n'a pas changé de numéro de téléphone. Ah, le viré peut encore contacter Macron ! Le réprouvé a ses entrées. C'est son cinéma. Si on se souvient qu'au début Macron gardait sa sympathie pour lui, on peut comprendre comme il l'aurait reconnu en conseil des ministres qu'il a répondu deux fois à Benalla (qui aurait envoyé nombre de messages « lunaires ») depuis son limogeage, une pour prendre de ses nouvelles et une autre pour répondre à un message qui disait que quelqu'un lui voulait du mal, réponse : qui ? Voilà. Qui peut décemment en vouloir à Macron, alors qu'il a de la sympathie pour Benalla, a partagé avec lui deux SMS, qui peut lui en vouloir de prendre une fois de ses nouvelles et une autre fois de s'interroger de savoir qui lui en veut ? Qui ? Qu'il ait dit qu'il n'avait plus de contacts avec lui n'est que tout à fait véniel. Et croire Benalla qu'il est son conseil se confiant à *Mediapart* dont Plenel, faisant le grand malin, se refuse de dire s'il avait vu les messages (ses circonvolutions étant tout simplement ridicules et incompréhensibles sauf à ce qu'effectivement il n'y ait que ces deux réponses et donc que cela met par terre sa théorie de politique étrangère parallèle et c'est lui que ça gêne de révéler le contenu mais pas Macron), ce medium qui l'a pourtant étrillé, alors que ce n'est visiblement qu'une façon de se venger parce que Macron l'a humilié publiquement en disant qu'il n'était plus rien, tient de la féerie. À une tempête dans un verre d'eau, succède une brise dans un verre à dent. Du reste cette seconde affaire a fait flop. Il faut aussi noter qu'à la suite de la révélation par *Mediapart* des échanges possibles entre Benalla et Macron, nombre de politologues et commentateurs, sans n'avoir strictement aucune confirmation de quoi que ce soit, juste les paroles de Benalla qui disait que Macron prenait son avis quasi quotidiennement, ces spécialistes donc ont discouru dont certains, sérieux comme des papes, ne se rendant pas compte du ridicule de leur propos et de leur absurdité, trop focalisés qu'ils étaient par leur théorie de la solitude du pouvoir, discouraient savamment sur les raisons qui faisaient que Marcron étant si seul sur son Aventin, qu'il se réfugiait sans doute dans un cocon protecteur, à savoir Benalla le proche collaborateur, en se confiant à lui. Dire que ces politologues-là ont droit de cité et de pérorer et d'analyser sans savoir la réalité et qu'ils se ridiculisent en disant de parfaites âneries. Macron seul ? Mais certes un président est seul quand il y a des décisions d'une grande importance quand par exemple il faut lancer une guerre, une action d'élimination par exemple, mais seul face aux gilets jaunes ? Seul sans conseils, sans proches ? Dire qu'il serait obligé de se raccrocher à un Benalla sans contrôle est délirant. Il n'y aurait donc personne pour les remettre à leur place, leur montrer l'abysse de stupidité qu'ils peuvent déverser ?

Reste enfin la dernière cartouche du téléphone crypté. Ah, il l'avait gardé. Mais à quoi lui a-t-il servi ? A rien, juste à frimer. Il ne l'a pas utilisé depuis début juillet 2018 (et si vous avez suivi l'affaire alors vous savez que ses sms avait été effacés par l'Élysée dans la période environnant son interrogatoire par la police, cela avait été dit dans le journaux) et ensuite il a été bloqué en octobre date à laquelle a été vérifié son usage qui s'est révélé être nul depuis début juillet. Nouvelle non affaire. Ces non affaires prouvent que tout avait été fait avant leur découvertes par la presse qui, si elle avait fait son travail, aurait pu effectivement parler de cafouillage, de s'interroger comment un type comme Benalla a pu en arriver à faire ce qu'il a fait et à être à cette place proche du pouvoir, mais en aucun cas d'affaire d'état avec des insinuations pathétiques et diffamatoires.

Addendum : le 21 janvier 2019 *Le Monde* a fait un article (https://www.lemonde.fr/les-decodeurs/article/2019/01/21/pourquoi-benalla-a-pu-utiliser-ses-passeports-diplomatiques_5412342_4355770.html) qui confirme ce que disait ce livre sur les passeports de Benalla et par là-même infirme ce que disait ce journal auparavant laissant croire de façon malhonnête à une sorte d'envoyé spécial, en parallèle de la diplomatie officielle, une barbouze de l'Élysée et rend parfaitement ridicules tant les journalistes de ce journal que de *Mediapart* et devrait leur valoir une bonne dose de honte. Le scandale, finalement ce sont eux. Ces journalistes devraient lire avec attention cette autre article *du Monde* qui traitent de 16 biais dans la réflexion et l'analyse des faits (une bonne part les concerne totalement) : https://www.lemonde.fr/campus/article/2019/01/20/seize-biais-qui-empechent-de-se-connaitre-et-de-faire-les-bons-choix_5411906_4401467.html

Cette affaire Benalla a eu des ramifications révélées après la fin de l'écriture de la première version de ce livre. Est-ce que ces révélations changent en quoi que ce soit la vue que j'ai développée de cette affaire ? Oui en ce qui concerne la crapulerie de Benalla, non en ce qui concerne une non affaire d'état, non en ce qui concerne la piteuse éthique du *Monde*. Et même au contraire la suite va révéler, contrairement aux affirmations de la commission sénatoriale dont il faut en dire deux ou trois mots, que ce n'est pas une affaire d'état mais une affaire d'un homme sans scrupules qui s'est complu dans le pécher d'Ubris et dans l'affairisme et que l'opposition ne se grandit pas à s'attaquer au pouvoir au travers d'une affaire détournée à son profit politique. On apprendra au passage que le jeune couple dont le jeune homme qui fut molesté, plus ou moins à l'origine de l'affaire Benalla, a été condamné à 500 € d'amendes chacun dont le nom est obstinément occulté par la presse quand ceux des autres sont donnés. La justice révèlera que leurs déclarations sont démenties par les faits, qu'ils n'ont pas été attaqués avant d'insulter et de jeter divers objets sur les CRS, et donc qu'ils ont été violents sans raison autre que la détestation de la police et un engagement politique d'extrême gauche.

Qu'a-t-on donc appris depuis mi janvier ? Une conversation enregistrée illégalement, des contrats juteux avec un oligarque russe, une nouvelle commission d'enquête sénatoriale et la case prison pour Benalla et Crase (qui seront libéré le 27 février). Rappelons à nouveau que la presse qui attaque violemment le pouvoir et Benalla pour le fameux DVD qui pouvait éclaircir l'affaire de la Contrescarpe, défend bec et ongles un enregistrement frauduleux diffusé par *Mediapart*.

La conversation enregistrée illégalement l'aurait été le 26 juillet 2018 dans l'appartement de Marie-Elodie Poitout (chef

de sécurité à Matignon qui démissionnera de son poste et sera réaffectée ailleurs) en présence de son compagnon Chokri Wakrim (membre des forces spéciales) qui sera lui suspendu à la suite de la révélation de cette écoute par *Mediapart*. La révélation de cette conversation entraîne le pouvoir à entamer une action en justice contre Benalla et Crase (qui eux-mêmes porteront plainte à cause de cet enregistrement clandestin) et le procureur décidera de son côté de faire un perquisition dans les locaux de *Mediapart* afin de déterminer d'où vient l'enregistrement. Pour avoir violé 1 leur contrôle judiciaire, Benalla et Crase coucheront en prison le 19 février 2019. Il y a un point qu'il faudra bien élucider c'est de savoir qui a pu faire cet enregistrement clandestin. Dans un premier temps Chokri Wakrim est soupçonné de l'avoir fait (comme d'être celui qui aurait déménagé le coffre fort de Benalla). Ceci est peu crédible puisque ce même Wakrim est impliqué dans les contrats russes et on voit mal comment il pourrait se tirer une telle balle dans le pied. Savoir qui a fait cet enregistrement est très intéressant d'autant plus qu'il a fallu peut-être du matériel sophistiqué. Le contenu de cet enregistrement est tout aussi intéressant et n'abonde pas du tout dans le sens d'une affaire d'état et au contraire démontre combien Benalla est un bouffon malfaisant et que la justice et la police (donc le pouvoir) font leur travail. Vous trouverez ici l'enregistrement complet :
https://m.youtube.com/watch?v=yZIk0mj7fWY

Ça commence fort du reste. Benalla, après que Crase dit qu'il a menti pour son arme, parle d'être, avec délectation, dans un film (cauchemar pour Crase) et que peu de personnes peuvent se flatter d'avoir enclenché deux commissions parlementaires et arrêté le fonctionnement du parlement. Alors oui c'est un vrai bouffon. « Le patron [Macron] m'envoie un message. Tu es plus fort qu'eux. Tu vas les bouffer. » De cette phrase les journalistes ont retenu que Macron le soutenait, ce que confirmerait Benalla ensuite en disant qu'il fait plus que le soutenir, qu'il s'est senti trahi et est déçu mais que cela ne remettait pas en cause la confiance qu'il avait en lui. Voici quelques points éclairants auxquels ces fameux journalistes auraient dû faire attention. On pourrait parler de diachronie. Ils jugent des mots sans tenir compte que ces propos sont tenus fin juillet et que ce que dit Benalla, pour la déception et la trahison c'est connu et c'est dans la presse, Macron ne s'étant pas caché, à cette époque de garder une certaine sympathie envers Benalla. Ce n'est donc ni nouveau ni postérieur aux autres révélations. Dans le temps où cela est dit et dans le contexte ce n'est ni nouveau ni choquant. En revanche accepter comme argent comptant l'expression « tu vas les bouffer » est d'une belle stupidité. Même si cela pourrait être un vocabulaire de Macron (à en douter) cela n'a aucun sens. Bouffer qui ? Pourquoi ? C'est une parole d'un fanfaron devant un sous-fifre qu'il veut impressionner, sous-fifre qui veut se rassurer car lui est inquiet. Ce que révèle aussi cette conversation c'est bien que la police fait son travail puisqu'elle prouve que Crase avait une arme. Qu'elle en a cherché des preuves et que par voie de conséquence que le pouvoir ne protège pas ces deux personnages douteux. On entend aussi qu'ils vont perquisitionner En Marche (à propos on croyait qu'il n'y avait que l'Intouchable Insoumis que l'on perquisitionnait et que la justice protégeait le pouvoir et les élus, les partis qui le soutiennent) et Benalla dit : « Encore ? ! ». Crase dit également qu'il y a la police devant les bâtiments d'En Marche ce qui l'empêche d'aller récupérer d'autres affaires. Enfin Crase s'inquiète de son licenciement et de ne plus avoir de ressources et Benalla tout joyeux parle de trouver une solution, sortir l'argent de la société et s'éclater au Maroc et au Sénégal. Cette conversation se termine avec l'inquiétude de Crase que juridiquement cela ne va pas bien se passer pour lui. En conclusion le battage autour de cette conversation est totalement biaisé. On joue plus sur le fait qu'il y a eu une conversation, sur le soutien de Macron (on est en juillet 2018 il faut le rappeler et cette sympathie est connue, mais sympathie avant les autres révélations) que sur son contenu réel qui montre que la justice et la police font leur travail, que Crase est inquiet, que Benalla fait le matador et qu'il y a une société qu'il faut sortir des radars et en sortir l'argent. Rien qui ne concerne une affaire d'état, et rien qui prouve (et plutôt son contraire) que les deux sont protégés par le pouvoir (rappelons la date juillet 2018). Cette affaire de la conversation téléphonique est le prototype de la subtile désinformation et du manque de déontologie et analyse rigoureuse des journalistes. C'est aussi bien évidemment une arme pour *Mediapart* tant pour se faire mousser, que pour passer pour des chevaliers blancs qui prouvent les turpitudes du pouvoir et des martyrs de la justice en se faisant perquisitionner.

On découvre qu'il y a des contrats russes avec un oligarque (Iskander Makhmudov) qui serait lié à la mafia. Le premier contrat aurait été initié fin 2016, début 2017. Benalla n'est pas employé par la présidence, il est donc libre de ses mouvements et il serait douteux que son contrat avec Macron comme candidat stipule qu'il ne doit faire aucune action commerciale. Ce premier contrat est signé en juin 2018 avec la société Mars créée par Crase et dont Benalla serait le gérant de fait selon *Mediapart*. En fait Mars est le sous-traitant de la société Velours pour laquelle Benalla a travaillé et qui n'a pas les accréditations nécessaires pour le service de protection de l'oligarque tant en France qu'à Monaco. Les trois questions que l'on peut se poser sont : la signature de ce contrat est-elle illégale ? S'agit-il de fausses factures ou de sur-facturations ? S'agit-il de blanchiment d'argent ? La justice est saisie. Comme font les journalistes pour le mouvement des gilets jaunes, là on peut affirmer que c'est plus qu'en marge du travail de Benalla à l'Elysée, c'est en dehors, complètement déconnecté, sans aucun lien, sans aucun ordre. Ce contrat ou ces contrats (le second est une hypothèse pour l'instant) démontrent surtout de l'affairisme (et ce n'est qu'un contrat et non une multitude de contrats du moins jusqu'à ce qu'on en découvre d'autres s'il y en a) est plutôt du bricolage, de l'artisanat qu'une affaire florissante et industrielle. Certes les montants tournent autour du million d'euros mais cela ressemble plus à une opportunité ponctuelle qu'à une machine bien huilée. Benalla est donc un affairiste, un bouffon, et peut-être un escroc si le faux est révélé dans sa demande de passeport. Mais en quoi cela concerne-t-il l'Elysée ? La seule responsabilité est de l'avoir engagé (on en reparlera), mais où est l'affaire d'état dans cette affaire de maquignon ?

Venons en à la commission sénatoriale. Je vais vous prouver que c'est une pantalonnade politicienne. Je vais vous le prouver à la fois dans sa présentation et dans son contenu. Philippe Bas a fait toute une mise en scène théâtrale et dramatique car il veut que ce soit une affaire d'état et veut frapper contre un pouvoir qu'il n'aime pas beaucoup d'autant que Macron a posé publiquement la question (question qui fait partie du grand débat) de l'utilité du Sénat et que Macron a battu son poulain Fillon.

Philippe Bas a posé en préalable à cette tartufferie que majorité et opposition du Sénat étaient d'accord entre elles avec ce rapport. Majorité et opposition du Sénat = opposition au pouvoir. Les sénateurs du groupe En Marche sont 23 sur 348 (un peu plus de 6 %). Première bouffonnerie. Ensuite il déclare utiliser les prérogatives de la loi pour introduire une demande judiciaire car ils représentent le peuple. Outre le fait que Philippe Bas a été élu comme sénateur avec 29 voix sur 34 (on ne rit pas), les sénateurs ne représentent pas le peuple mais les élus. Ils représentent d'autant moins le peuple que les successeurs de l'UMP ont une majorité écrasante au sénat alors que LR sont à 10 % dans les sondages actuels et ont été battus en juin 2017 (21,57 %). Enfin c'est à l'Assemblée Nationale de contrôler le gouvernement et non au Sénat.

Dans son réquisitoire il y a pour commencer deux points qui ne semblent pas avoir percuté la réflexion de cette commission. Le premier concernant les passeports de Benalla notamment ceux de services (ministère de l'intérieur) car le premier ne fut pas délivré par le pouvoir actuel mais par le précédent, ce qui dégage sa responsabilité doublement d'une part pour ne pas l'avoir délivré et d'autre part car en en ayant déjà eu un cela donne confiance pour les autres. Ensuite un des passeports a été obtenu par Benalla en mai 2018 en faisant possiblement un faux, faux qui n'était peut-être pas détectable et de ce fait ne peut en aucun cas engager la responsabilité du pouvoir. Le second concerne le recrutement de Benalla. Cette commission fait semblant de croire que Benalla sort de nulle part, qu'il a été engagé de nihilo, inconnu au bataillon et que l'Elysée aurait dû faire une enquête poussée. Or il se trouve (cela leur aura échappé) que Benalla avait déjà une carrière de sécurité bien remplie par exemple comme **responsable national** du service d'orde du PS en 2010. Il est également chef de cabinet auprès de Jean-Marc Mormeck, le délégué interministériel pour l'égalité des chances des Français d'outre-mer. N'oublions pas non plus qu'il a été nommé lieutenant colonel de la réserve citoyenne sur proposition du directeur général de la Gendarmerie nationale. Et ceci n'est-ce pas déjà une caution en soi ? Donne-t-on un tel grade sans enquête, sans réflexion ? On a déclaré qu'il aurait été licencié comme chauffeur d'Arnaud Montebourg pour délit de fuite ce que dément Benalla et ce que dément également le journal *Closer* (fiabilité ? quoique souvent bien renseigné). Il ne faut pas oublier que Benalla est aussi diplômé en droit. Donc contrairement à ce que laisse supposer la commission Benalla ne sort pas de nulle part. Quand il est engagé il a une assez longue carrière dans le service d'ordre pour lequel on loue ses qualités, qu'il a déjà travaillé pour le pouvoir en place et que de ce fait les préjugés sont très favorables, et comme sa compétence est jugée excellente il n'y avait aucune raison de faire une enquête plus poussée que celle qui a été faite. L'accusation de manque de discernement et de légèreté dans son recrutement est totalement infondée et n'est que politique ou stupide lorsque l'on connaît le passé en politique et en sécurité de Benalla. Première preuve de l'aspect politicien de ce rapport. Un autre aspect concerne les sanctions contre Benalla jugées insuffisantes et trop tardives. Ceci aussi est une interprétation que je conteste et pour laquelle j'ai prouvé au contraire que les sanctions étaient proportionnées, justifiées en tenant compte de la chronologie. Cette commission fait comme si tous les faits étaient connus dès le 2 mai, ce qui est faux. Cette commission fait volontairement ou non une erreur chronologique. De même elle accuse des dysfonctionnements pour la suspension des passeports de Benalla le pouvoir actuel alors qu'il ne s'agit que de procédures et d'organisations anciennes mises en place antérieurement à l'installation du pouvoir en place et du fait que jusqu'alors jamais il n'était arrivé qu'un passeport diplomatique réclamé ne soit remis. On ne peut accuser un pouvoir de faits dont il n'est pas à l'origine (procédures) pour un cas inconnu jusqu'alors. Il faut noter que les passeports de service ont tout de suite été désactivés, ce qui prouve bien que le pouvoir voulait qu'aucun passeport spécial ne soit utilisé par Benalla au contraire des laisser supposer de cette commission. Ceci est la deuxième preuve de l'aspect politicien de ce rapport. Enfin sont mis en cause trois hauts personnages de l'administration du pouvoir pour des contradictions. Ces contradictions concernent essentiellement les attributions de Benalla. Or ces trois personnes sont dans des services différents et la vue qu'elles peuvent avoir des attributions peuvent différer sans être fausses. Quoiqu'il en soit ce n'est que véniel puisque la justice passe, Benalla et Crase sont en prison, qu'ils sont poursuivis par nombre de chefs d'inculpation et donc qu'ils ne sont pas protégés par le pouvoir. Tout comme il a été fait grief au pouvoir d'avoir transmis les éléments en sa possession à la justice. Ce qui aurait dû être salué par tous a été conspué comme quoi ce ne sont que des attaques politiciennes.

Pour en terminer avec cette commission sénatoriale, elle pourra nous expliquer pourquoi, dans les affaires suivantes qui concernent toutes le courant politique de Philippe Bas, le Sénat n'a soit pas créé de commission soit refusé d'en créer, affaires extraordinairement plus graves que celle de Benalla, affaires portant fort atteinte à la démocratie
- le vrai faux passeport de Didier Schuller
- Karachi
- Bygmalion
- Tapie impliquant le pouvoir à son plus haut niveau
- les sondages de l'Elysée (et ensuite transférés à Matignon)
- Guéant tant pour le détournement de fond publics que pour le supposé financement libyen de la campagne de Nicolas Sarkozy
- Clearstream
- Woerth et son hippodrome, lui ministre, dans l'affaire Bettencourt pour laquelle il n'a pas été blanchi comme veulent le faire croire les amis de Philippe Bas (lire les attendus du procès) et le financement de la campagne de Sarkozy
- Squarcini (exfiltration d'un témoin libyen - Bachir Saleh - gênant pour le pouvoir)
- Emmanuelle Mignon, plus proche collaboratrice de Nicolas Sarkozy
- les enregistrements autrement plus graves par Buisson du président en exercice Nicolas Sarkozy

Il est bon de rappeler deux autres affaires qui démontrent l'immense tartufferie de cette commission et de son président. Philippe Bas a soutenu François Fillon, non seulement aux primaires de la droite, mais également après la révélation des emplois fictifs de la femme et des enfants de ce candidat avide. Il n'y a pas eu d'enquête sénatoriale concernant Fillon, pas plus que cette autre affaire grave qui concerne le groupe parlementaire de monsieur Bas, à l'époque UMP, qui concerne rien moins que des détournements de fonds publics. Il s'agit de la caisse noire sénatoriale de l'UMP qui aurait concerné 27 sénateurs dont François Fillon lui-même, Jean-Claude Gaudin. Le système était simple des sénateurs reversaient une partie de la somme allouée à leurs frais au groupe parlementaire UMP qui lui-même reversait une somme à une association (Union des Républicains du Sénat) qui en fin de chaîne reversait soit en liquide soit en chèque quelques picaillons aux sénateurs dont Fillon qui l'a reconnu publiquement. *Public Sénat* : « En juillet 2012, un signalement de Tracfin, la cellule antiblanchiment de Bercy, a révélé que l'URS avait reçu plus de 450.000 euros du groupe UMP entre novembre 2009 et mars 2012, dont environ 206.000 euros ont ensuite été versés en chèques à 27 sénateurs, et quelque 112.000 euros débités en espèces, selon des éléments de l'enquête dont l'AFP a eu connaissance.

En juin 2015, d'autres versements avaient été retracés entre 2012 et 2015, dont 130.000 euros au maire LR de Marseille et ancien sénateur Jean-Claude Gaudin ».

5 sénateurs ont été mis en examen dans cette histoire. Comment faire confiance une seule seconde à ce président de la commission sénatoriale alors qu'il a soutenu Fillon dans ses turpitudes et n'a lancé aucune enquête sur les agissement possiblement frauduleux de son propre groupe parlementaire avec accusation de détournement de fonds publics ? Est-il bien placé pour donner des conseils d'organisation et de vérification ?

Comme vous le voyez ce sénat-là n'a mené aucune enquête pour des affaires extraordinairement plus graves que celle de Benalla. Des affaires qui ont touché à la démocratie, à la République. Les affaires Bennala ont-elles nuit à la démocratie ? Non. Enfin si, si on regarde les attaques contre le pouvoir avec *Le Monde* et *Mediapart* en têtes de gondole. Il s'agit d'affairisme, de fanfaronnade, de pécher d'Ubris, d'arrogance, d'opportunisme, le tout en dehors du pouvoir, à son insu et non commandité ni voulu par lui. Il y a eu des dysfonctionnements aux conséquences mineures, la police a ensuite fait son travail d'enquête, la justice est saisie et avance. Ce n'est pas une affaire d'état, mais une affaire de deux hommes cupides, opportunistes, profitant des circonstances et de la situation de Benalla au sein du pouvoir. C'est une affaire transformée en affaire d'état pour de pures raisons politiciennes et d'orgueil journalistique.

En conclusion si *Le Monde* ne fait pas un grand mea culpa pour le traitement des affaires Benalla et des gilets jaunes, il faudrait que 80 % de ses lecteurs le quittent, ce que j'appelle à faire, il ne lui restera que les complotistes, l'extrême gauche (dont nombre des analystes qui font des chroniques dans ce journal font partie, si ce n'est au minimum de la gauche dure) car *Le Monde* se trouve dans la même attitude qu'avec les Khmers rouges, Mao, tout ces dirigeants éclairés que *Le Monde* a sanctifiés et salués le chapeau bien bas. Il pourra prendre en co-rédacteurs en chef : Chikirou, Miller, Mélenchon, Garrido, Corbières, Ruffin et ses nuits debout. Et Le Pen. Peut-être Fly Rider et Drouet.

Un mot sur les élections européennes

Il est capital, même si ce n'est qu'en quelques lignes d'évoquer ces élections européennes de mai 2019. La représentativité dans la rue de ce fameux gilets jaunes a très rapidement tourné autour de 0,1 % des électeurs français après un pic à 0,6 %. Les media, dont *Le Monde* et les chaînes continu en tête, n'ont eu de cesse de donner une légitimation hors de toute proportion à ce mouvement se référant aux sondages et au soutien que ce mouvement aurait eu. Hors le fait, qui a été démontré dans ce livre, que l'amalgame sympathie/soutien n'a aucune validité déontologique, lorsque ces sondages donnaient des chiffres de participation potentielle tournait autour de 7 millions (15 % de certains d'aller manifester) la réalité retournait inlassablement une autre vérité : 0,6 % dans la rue. Avoir un haut taux de sympathie n'a aucune valeur démocratique. Du reste quand des listes de sympathie des hommes politiques sont faites cela ne présage en rien de leur scores électoraux futurs et évidemment la totalité des pourcentages dépassent de très loin les 100 %. La véritable représentativité démocratique se fait dans la confrontation et la concurrence. Or, dans ce cas de légitimation électorale, pour le mouvement des gilets jaunes, qui aurait donc dû être tenu pour ce qu'il représentait (évidemment si on le compare à son pouvoir de nuisance son score n'a rien à voir, car ce pouvoir fut immense légitimé par les media et les partis d'opposition notamment des deux extrêmes et ceux dont c'était un intérêt électoral sans rapport avec celui de la France) les résultats sont sans appel. Les deux listes *gilets jaunes*, celle de Lalanne (*Alliance jaune*) et celle de Chalençon (*Évolution citoyenne*) ont eu des scores d'un ridicule affligeant qui entraînent les media avec lui dans ce désastre : 0,54 % des votes exprimés soit 0,26 % des inscrits pour la première et 0,01 % des votes exprimés (et infinitésimal des inscrits) pour la seconde. Deux autres listes se sont emparés de l'emblème gilets jaunes celle de Philippot avec 0,65 % (soit 0,31 %) et *Démocratie Représentative* avec 0,01 % (0,01 %). Lorsque l'on voit que le *parti animaliste* réalise autour de 2 % des voix sans n'avoir jamais eu le quart du dixième de publicité qu'a eu par exemple Chalençon, lui ayant eu droit à des dizaines d'heures d'antenne, des articles pleine page on ne peut qu'être effarés de ce que la presse a fait, du mauvais coup qu'elle a porté à la France. Ces media seront comptables dans notre histoire de leur rôle extrêmement néfaste contre la démocratie. L'importance stratosphérique qu'ils ont donnée à ce mouvement, le soutien manifeste à sa haine et sa colère, sa détestation du pouvoir, de la démocratie telle qu'elle est, de Macron, amplifiant ce mécontentement, ne contrant quasi jamais les mensonges, mettant de l'huile sur le feu, déséquilibrant terriblement l'information, s'attaquant sans arrêt aux forces de l'ordre, présentant ce mouvement sous un jour faussé, positif, ces médias ont permis par transfert de toute cette colère, pour la grande part injustifiée, vers un vote pour le Rassemblement National. Et c'est un exploit que la liste d'*En Marche* ait réussi ce score après 7 mois d'insultes, d'attaques violentes, de contestation de sa légitimité, le tout s'adossant à l'affaire Benalla, une affaire de corne-cul montée en Watergate à la française par des journalistes complètement hallucinés, se prenant pour ceux du Washington Post, le tout soutenu par l'amplification totalement folle des réseaux sociaux. Marion Anne Le Pen peut dire, bien qu'elle les conchie et s'en serve comme d'un paillasson et d'un porte-voix, comme d'une tribune et d'une courte échelle : merci les media !

Autre addendum :

Deux articles du mois d'avril 2019 renforcent considérablement le bien fondé de ce livre et prouvent que l'analyse qui a été faite de ce mouvement en décembre 2018 était judicieuse et valide, et ce sans les moyens d'investigation de la presse, à partir de faits connus et en usant de logique et d'impartialité. Le premier est du *Figaro* et confirme que le déclencheur de ce mouvement est la limitation à 80 km/heure sur les routes (17 avril 2019 *Les «gilets jaunes» ont-ils vraiment à voir avec le passage à 80 km/h? Oui!*) et le second du *Monde* dont il faudrait mettre ici l'intégralité, et je préfère vous renvoyer directement à lui : https://www.lemonde.fr/les-decodeurs/article/2019/04/17/derriere-la-percee-des-gilets-jaunes-des-reseaux-pas-si-spontanes-et-apolitiques_5451242_4355770.html

Ce second article démontre comment bien avant le lancement du mouvement, au travers de toute la France depuis janvier 2018 se sont créés de nombreux sites nommés *Colère* suivi d'un appendice. La majorité a été créée avant février 2018. Au début du mouvement des gilets jaunes ils sont 35. Leurs créateurs sont anonymes et tout laisse à penser qu'ils proviendraient de l'extrême droite, que ces créations sont concertées. Ils ont été un des moteurs essentiel dans le lancement du mouvement en servant de caisse de résonance sur les réseaux sociaux. Sans eux et sans la complicité active de la presse, le mouvement des gilets jaunes n'aurait ni eu une telle ampleur virtuelle (car sur le terrain cette ampleur est médiocre) ni pu perdurer. L'ampleur virtuelle a légitimé ce mouvement créant la spirale que l'on connaît, la tautologie de la légitimité et de l'importance. On se crée une légitimité dont on se sert pour se dire légitime, et on se sert d'une fausse importance pour se dire important. Comme en mécanique c'est de l'auto-allumage. A ces groupes très actifs *Colère* sont venus se greffer à la fois la mouvante droite dure et extrême (Dupont-Aignan, Le Pen, nationaux, patriotes) et à la fois celle anti-Macron, puis s'est agrégée la gauche, elle aussi dure et extrême. Tout ceci tend à prouver que ce mouvement n'est pas légitime ni représentatif du peuple, qu'il est viscéralement et originellement anti-Macron et de positions extrêmes ou dures (gauche et droite) et que ce mouvement est véritablement une imposture.

Annexe

Début mars 2019 le site France Médias publie une enquête sur *lemonde.fr* : *Le Monde : la fracture éditoriale*
Comment le journalisme militant met en péril le contrat de confiance avec les lecteurs
étude qui conforte de façon magistrale et incontestable l'analyse de ce livre sortie début janvier 2019 : https://www.france-medias.fr/images/pdf/LeMonde-LaFractureEditoriale.pdf

Voici quelques extraits :
Le travail d'investigation mené pour cette étude a duré environ 10 semaines et cible les périodes du 1er juillet 2018 au 20 février 2019, a consisté à étudier près de 190 Unes du site lemonde.fr, notamment via le site waybackmachine.org, à observer les choix éditoriaux et rédactionnels mis en oeuvre, à (re)lire 220 articles par le moteur de recherche multimédia du site lemonde.fr, à analyser près de 400 photos, à identifier les outils et moyens de communication utilisés pour diffuser l'information, à répertorier et analyser 3.500 commentaires d'abonné(e)s et de lecteurs du Monde.

A l'origine de ce scandale, la rédaction du Monde va choisir la manière forte pour assurer une surface éditoriale maximale à cet événement, au point d'en faire la plus large couverture médiatique du site lemonde.fr depuis sa création en 1998…

Du 18 juillet 2018 au 30 août 2018, l'affaire occupe 85% des Unes et 88% de l'espace majeur de visibilité.

A titre de comparaison, cela représente environ 2,5 fois la couverture dédiée aux attentats terroristes de Paris en novembre 2015 (perpétrées notamment au Bataclan) ou encore 2 fois plus que l'affaire DSK, à périmètres équivalents (durée du traitement et intensité de la visibilité). Cette intensité médiatique est également supérieure au total de tous les candidats à la présidentielle de 2017 réunis, sur une période comparable (de 6 semaines).

Jamais aucun événement géopolitique, politique ou économique n'aura disposé d'une telle surface de visibilité médiatique depuis le lancement du site lemonde.fr en 1996.

Sur les éléments à notre disposition, on peut également affirmer qu'aucun des grands sites d'information en ligne européen (El Pais en Espagne, le Frankfurter allgemeine en Allemagne ou Le Times en Angleterre) n'a jamais consacré une place aussi importante au traitement d'une seule information au cours des 10 dernières années.

La couverture du Brexit, à titre d'exemple, par le site Internet du Times (thetimes.co.uk), a représenté une visibilité inférieure de 40% à celle de l'affaire Benalla par lemonde.fr (à temps et périmètre équivalents).

Notons également l'utilisation de « dispositifs » éditoriaux exceptionnels pour la couverture de cette affaire : 106 articles publiés dans le quotidien et sur le site du Monde, auxquels s'ajoutent 77 autres articles publiés exclusivement sur Lemonde.fr soit un total de 183 articles mis en ligne sur le site Internet du Monde à la fin août 2018 (source : le médiateur du

Monde, article du 08 septembre 2018 intitulé « Le Monde a t'il surjoué l'affaire Benalla ? »).

Pour près de la moitié de ces publications, un système de Une extensive (très grande photo et très grand titre) a été retenu. Ce système est généralement réservé aux actualités d'extrême importance tels que les attentats du Bataclan de novembre 2015 à Paris.

En outre et durant environ 8 semaines d'affilées, une très large majorité des articles liés à cette affaire – et cela quel que soit leur apport éditorial objectif – bénéficieront d'une mise en avant réservée aux faits majeurs d'actualité (nationaux et internationaux) : titres surlignés en gras et en rouge sur le fil d'information (rubrique « En direct »), mise en avant systématique sur la page d'accueil, le plus souvent en position de « Une » durant plusieurs heures puis accessibles ensuite en informations importantes, en dessous de la Home page (avec photo et chapeau introductif).

Durant les 10 premiers jours de l'affaire, la quasi totalité des articles ne présente que les éléments à charge contre l'ex conseiller de l'Elysée. Ce choix éditorial multiplie les angles décrivant les faits avec, à chaque fois, une insistance toute particulière sur les coups portés par Alexandre Benalla.

Ce parti-pris semble faire oublier, dans la rédaction de certains articles, la prise de distance critique et nécessaire à la restitution des scènes décrites. En effet, le contexte général (climat de forte tension, violences urbaines, brutalités contre les policiers...) ne figure que très rarement dans les récits qui ne se concentrent que sur les interpellations musclées d'Alexandre Benalla.

Plusieurs articles soulignent notamment qu'Alexandre Benalla s'en prend à des badauds, à des personnes présentes sur la place de la Contrescarpe (visiblement) par hasard sans qu'à aucun moment les journalistes ne s'interrogent sur la participation de ces personnes aux (violentes) manifestations en cours. Il s'agit là d'un parti-pris qui déroge à l'article 1 de la charte déontologique du Monde (dans lequel la recherche de la vérité doit être privilégiée).

Au centre de la polémique et de l'affaire, la vidéo diffusée en boucle dans une grande partie de articles du monde.fr (au milieu ou en fin des articles), montre les agissements - a-priori répréhensibles - d'Alexandre Benalla.

Curieusement, et bien que la rédaction du Monde ait disposé de la vidéo complète - au plus tard - quelques jours après la révélation de l'affaire (France 3 national la diffuse dans plusieurs de ses journaux 5 jours après son déclenchemen), le choix a été fait de ne pas montrer le début de celle-ci, pourtant essentiel, où l'on voit clairement le couple en question s'en prendre assez violemment aux policiers et forces de l'ordre.

Cet acte volontaire de suppression d'une partie de la vidéo et donc de censure de l'information semble difficilement compréhensible pour des journalistes censés « rechercher la vérité, quelles qu'en puissent être les conséquences ». Ils bafouent là, volontairement, plusieurs des articles du code déontologique du Monde et du code européen des journalistes de Munich.

D'une façon générale, sur les 110 articles relus sur l'affaire Benalla (publiés sur lemonde.fr), au moins 40% peuvent être considérés comme orientés sur le plan idéologique et donc ne respectent pas, au minimum, l'article 1 de la charte d'éthique et de déontologie du groupe Le Monde.

Certains s'avèrent grossièrement accusateurs et parti-pris quitte à en oublier certains faits, à les modifier pour étayer la thèse du journaliste ou à en sur exposer d'autres. Là encore, on ne se situe plus du tout dans un journalisme qualitatif et exigeant mais bien dans des logiques d'influence du lectorat voire de manipulation volontaire de l'opinion publique.

Lemonde.fr a été le site d'information français à proposer la plus forte visibilité aux Gilets jaunes avec plus de 710 articles au total, très largement devant des sites comme liberation.fr (pourtant censé disposer d'une proximité idéologique plus forte avec les revendications sociales du mouvement), lefigaro.fr ou encore leparisien.fr.

L'estimation de la visibilité du mouvement en Une et ou au dessus de la ligne de flottaison est d'environ 72% sur la période allant du 16 novembre 2018 au 07 janvier 2019. Cela signifie qu'environ 7 Unes sur 10, et cela 24 heures sur 24, étaient consacrées au conflit des gilets jaunes. Seule la période de l'attentat de Strasbourg a relégué au second plan, durant quelques jours, cette « hyper couverture ».

Notons qu'aucun autre conflit social, dans les 20 dernières années, n'avait fait l'objet d'une telle densité de traitement et d'un choix éditorial aussi marqué. Y compris des conflits sociaux mobilisant beaucoup plus de personnes (plusieurs centaines de milliers).

Certains articles ont particulièrement retenu notre attention. Par exemple, l'article réalisé le 31 décembre sur les Champs Elysées. Malgré le très faible nombre de gilets jaunes (environ 200) comparé aux 250.000 personnes présentes sur place, l'intégralité de l'article, en Une durant près de 10 heures, décrit la nuit des gilets jaunes, entre confidences, déceptions et combats. Les lecteurs du monde.fr ne peuvent qu'avoir l'impression, avec une telle mise en avant éditoriale, que le réveillon à Paris était essentiellement « jaune », ce qui dans les faits n'était en rien le cas.

Sur environ 400 photos étudiées (photos principales d'article et photos insérées à l'intérieur des contenus), 2 orientations dominent : l'impression d'un mouvement d'ampleur d'une part et des violences policières omniprésentes d'autre part.
Pour ce qui concerne l'ampleur du mouvement donnée à voir aux lecteurs et abonné(e)s, lemonde.fr choisi régulièrement d'accentuer l'effet de masse avec des gros plans sur quelques dizaines de manifestants, des plans plus larges lorsqu'il y a des des cortèges fournis. Quand il s'agit de quelques personnes sur un rond point, la pratique semble consister à les montrer rassemblés et proches les uns des autres pour donner l'impression d'une densité.
La fameuse Une du 31 décembre 2018 à Paris, à titre d'exemple, donne l'impression d'une « vague jaune » là où les gilets jaunes représentaient à peine le millième de l'assistance présente sur les Champs Elysées...

D'autre part, les violences et maltraitances policières ont été très largement affichées sur lemonde.fr. Colonne de CRS semblant charger un homme seul à terre, policiers montrés en train de frapper ou de menacer des manifestants, gilets jaunes délogés de leur rond point... Toute la panoplie des images montrant une Police brutale et injuste s'est trouvée mise en exergue durant des semaines.

Sur les photos analysées, on peut considérer qu'au minimum 7 sur 10 sont défavorables aux forces de l'ordre et montrent des manifestants victimes de la répression. Les violences - parfois extrêmes - de certains gilets jaunes et casseurs, les menaces de mort envers les policiers et gendarmes ou encore les provocations quasi systématiques envers les forces de l'ordre sont, quant à elles, globalement peu ou pas mises en avant ; parfois totalement mises sous silence dans la photographie du monde.fr.

D'une façon plus récente, on peut considérer que la ligne éditoriale du *Monde*, depuis l'été 2018, enfreint régulièrement plusieurs articles essentiels de sa propre charte de déontologie et au moins 3 des 10 préceptes de la charte de Munich...

Il s'agit de la « recherche de la vérité quelles qu'en puissent être les conséquences » (article 1) régulièrement mis à mal notamment dans l'affaire Benalla (cf. chapitre consacré).

L'article 6 qui souligne l'importance de « Rectifier toute information publiée qui se révèle inexacte » s'avère lui aussi largement bafoué : la majeure partie des erreurs et fautes des journalistes - mêmes les plus graves - ne font l'objet d'aucune excuse ou sanction de la part des journalistes concernés (et ou de la rédaction du Monde).

Enfin, l'article 9 qui insiste sur le fait de « Ne jamais confondre le métier de journaliste avec celui du propagandiste » se retrouve fréquemment transgressé, notamment lors du conflit des gilets jaunes (cf. chapitre consacré).

Citons l'un de ces nombreux articles, paru le 10.01.2019 sur lemonde.fr et intitulé « Violences policières : « On est dans le mensonge d'Etat » ». Il y relate les commentaires et observations d'un écrivain et documentariste qui dénonce les violences, selon lui extrêmes, de la Police française face aux manifestations des Gilets jaunes.
Le seul angle proposé est celui de l'oppression policière, de la part de l'Etat français, qui passe pour un régime dictatorial voire fasciste. A aucun moment, ni le journaliste ni l'interviewé ne considèrent comme nécessaire d'analyser ces violences dans le contexte qui est le leur : la mise en péril de biens, de personnes, d'institutions ; les agressions, violences physiques, menaces de mort émanant d'individus dont certains sont prêts à tout pour parvenir à leurs fins.

Il semblerait néanmoins qu'elle se heurte à une réalité journalistique nettement moins nuancée. Sur 60 articles publiés dans le Monde qui illustrent des opinions (tribunes, interviews, points de vus...) entre le 15 juillet 2018 et le 16 janvier 2019, 48 peuvent être considérées comme des critiques négatives des actions de l'Etat et ou du gouvernement.
Cela signifie que 80% des articles d'opinions, publiés par Le Monde sur cette période, renvoient une image négative voire très négative des actions de l'Etat. On peut qualifier les 20% restant de « plutôt neutres » ou « équilibrés ».

Que ce soit dans les domaines de la politique, de l'économie, du social ou encore de l'écologie, les experts sollicités par Le Monde soulignent, dans une très large majorité, les erreurs, les insuffisances voire les « fautes » de l'Etat. On notera que pour ces nombreuses publications, les journalistes qui choisissent et relaient les propos ne les nuancent que très rarement ; certain(e)s même accentuent les reproches et les condamnations.

Voici quelques titres, parmi des dizaines, qui témoignent de ce parti-pris : « Service national universel : « qu'a fait la jeunesse pour mériter une telle punition ? » (5 novembre 2018) ; « Immigration : la France est très loin d'avoir pris sa part pendant la crise » (16 janvier 2019) ; « La volonté de criminaliser les gilets jaunes est la même qu'en mai 68 » (17 janvier 2019) ou encore « La démission gouvernementale face à l'alcool est scandaleuse » (20 janvier 2019).

On constatera également que de nombreux intervenants présentés comme experts ou spécialistes s'avèrent des opposants politiques au parti au pouvoir. Il s'agit le plus souvent de sympathisants LFI ou PS voire d'activistes politiques, parfois même de lobbyistes. Ce qui peut surprendre, au delà du choix discutable de ces « spécialistes », c'est que leur positionnement idéologique et politique n'est quasiment jamais mentionné ou précisé auprès des lecteurs.

www.ingramcontent.com/pod-product-compliance
Lightning Source LLC
Chambersburg PA
CBHW031055250726
48655CB00004B/1458